Šola - škola   2
Potovanje - putovanje   5
Prevoz - transport   8
Mesto - grad   10
Pokrajina - krajolik   14
Restavracija - restoran   17
Supermarket - supermarket   20
Pijače - napitci   22
Hrana - jelo   23
Kmetija - seosko gazdinstvo   27
Hiša - kuća   31
Dnevna soba - dnevna soba   33
Kuhinja - kuhinja   35
Kopalnica - kupaonica   38
Otroška soba - dječija soba   42
Oblačilo - odjeća   44
Pisarna - ured   49
Gospodarstvo - gospodarstvo   51
Poklici - zanimanja   53
Orodje - alati   56
Glasbeni instrument - glazbeni instrument   57
Živalski vrt - zoološki vrt   59
Šport - šport   62
Dejavnosti - aktivnosti   63
Družina - obitelj   67
Telo - tijelo   68
Bolnišnica - bolnica   72
Nujni primer - hitni slučaj   76
Zemlja - zemlja   77
Ura - sat   79
Teden - tjedan   80
Leto - godina   81
Oblike - oblici   83
Barve - boje   84
Nasprotja - suprotnosti   85
Števila - brojevi   88
Jeziki - jezici   90
Kdo / kaj / kako - tko / što / kako   91
Kje - gdje   92

Impressum
Verlag: BABADADA GmbH, Nedderfeld 112 , 22529 Hamburg
Geschäftsführer / Verlagsleitung: Harald Hof
Druck: Books on Demand GmbH, In de Tarpen 42, 22848 Norderstedt

Imprint
Publisher: BABADADA GmbH, Nedderfeld 112 , 22529 Hamburg, Germany
Managing Director / Publishing direction: Harald Hof
Print: Books on Demand GmbH, In de Tarpen 42, 22848 Norderstedt, Germany

Šola
škola

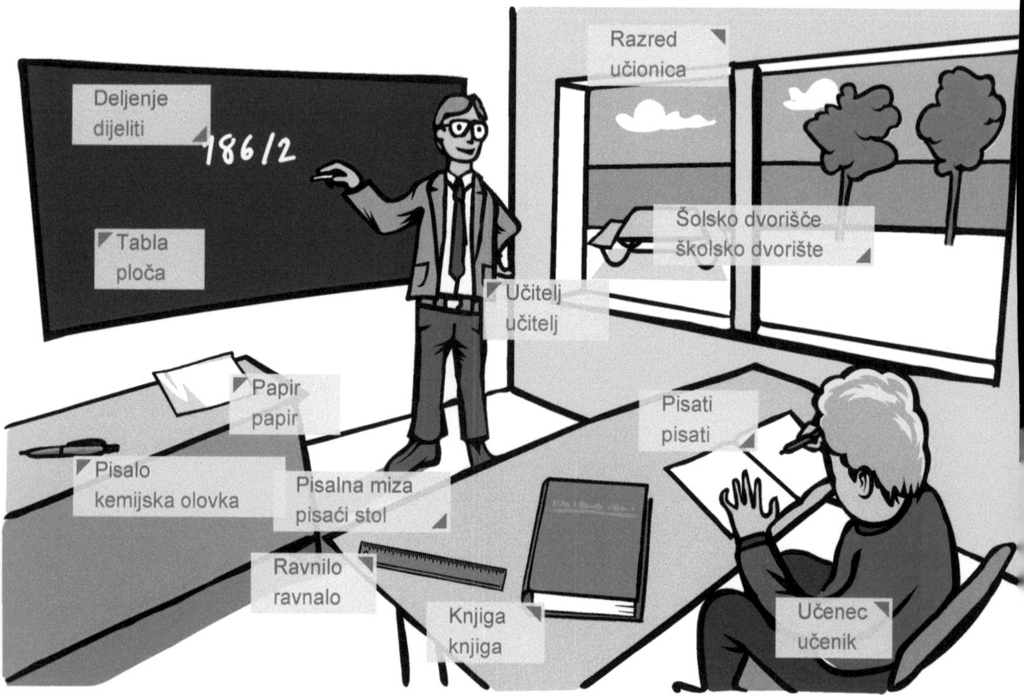

Razred
učionica
Deljenje
dijeliti
186/2
Tabla
ploča
Šolsko dvorišče
školsko dvorište
Učitelj
učitelj
Papir
papir
Pisati
pisati
Pisalo
kemijska olovka
Pisalna miza
pisaći stol
Ravnilo
ravnalo
Knjiga
knjiga
Učenec
učenik

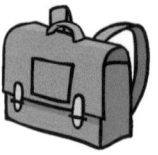

Šolska torba

torba

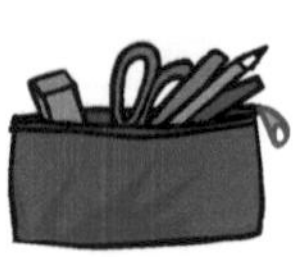

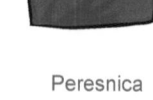

Peresnica

pernica

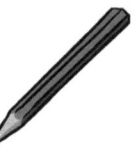

Svinčnik

grafitna olovka

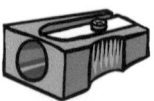

Šilček

šiljilo za olovke

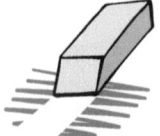

Radirka

gumica za brisanje

Risalni blok

blok za crtanje

Risba

crtež

Čopič

kist

Vodene barvice

kutija s bojama

Škarje

makaze

Lepilo

ljepilo

Zvezek

bilježnica

Domača naloga

domaći zadatak

Število

broj

Seštevanje

sabirati

Odštevanje

oduzimati

Množenje

množiti

Računanje

računati

Črka

slovo

Abeceda

abeceda

Beseda

riječ

Besedilo

tekst

Brati

čitati

Kreda

kreda

Učna ura

sat

Redovalnica

dnevnik

Preizkus znanja

ispit

Spričevalo

svjedodžba

Šolska uniforma

školska uniforma

Izobrazba

obrazovanje

Enciklopedija

leksikon

Univerza

sveučilište

Mikroskop

mikroskop

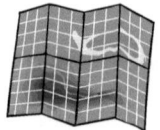

Zemljevid

karta

Koš za smeti

košara za papir

Potovanje
putovanje

Hotel
hotel
Grand
Hostel
prenoćište
ROOMS
Menjalnica
mjenjačnica
Kovček
kofer
Avtomobil
auto

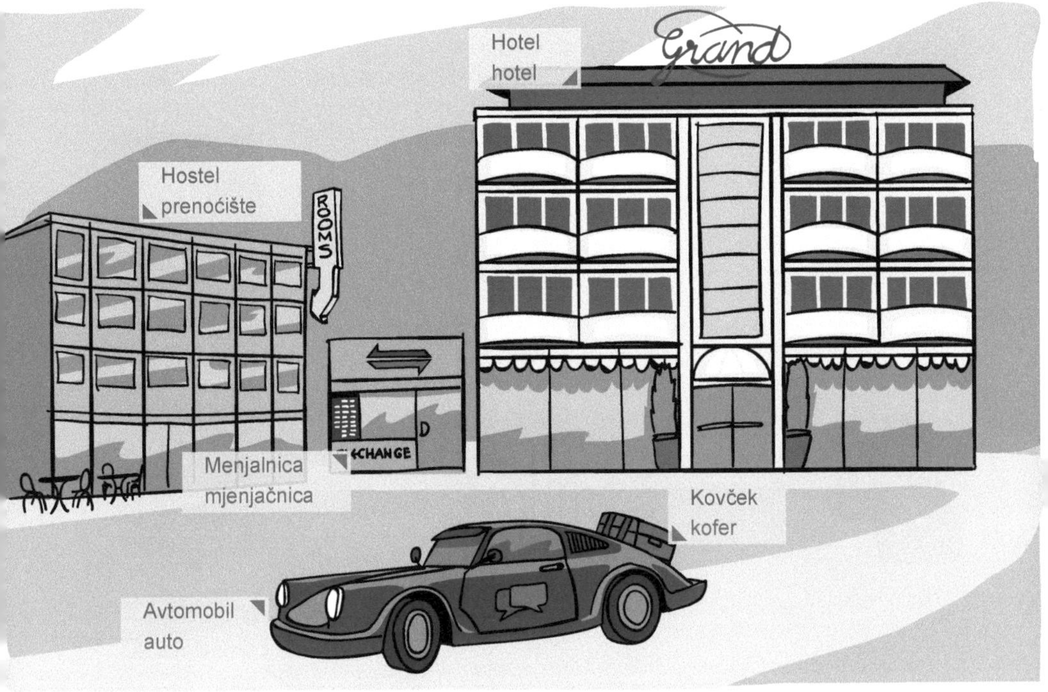

Jezik
jezik

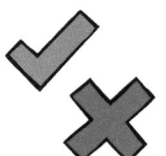

da / ne
da / ne

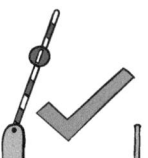

Prav
okay

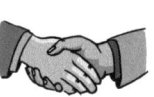

Pozdravljeni
zdravo

Prevajalec
prevoditelj

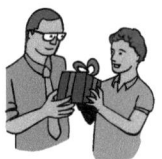

Hvala
hvala

Koliko stane...?

Koliko košta...?

Ne razumem

ne razumijem

Težava

problem

Dober večer!

dobro veče!

Dobro jutro!

Dobro jutro!

Lahko noč!

Laku noć!

Nasvidenje

doviđenja

Smer

smjer

Prtljaga

prtljaga

Torba

torba

Nahrbtnik

ruksak

Gost

gost

Soba

soba

Spalna vreča

vreća za spavanje

Šotor

šator

Turistične informacije

turističke informacije

Plaža

plaža

Kreditna kartica

kreditna kartica

Zajtrk

doručak

Kosilo

ručak

Večerja

večera

Vozovnica

karta za vožnju

Dvigalo

dizalo

Znamka

poštanska markica

Meja

granica

Carina

carina

Veleposlaništvo

ambasada

Vizum

viza

Potni list

putovnica

Prevoz
transport

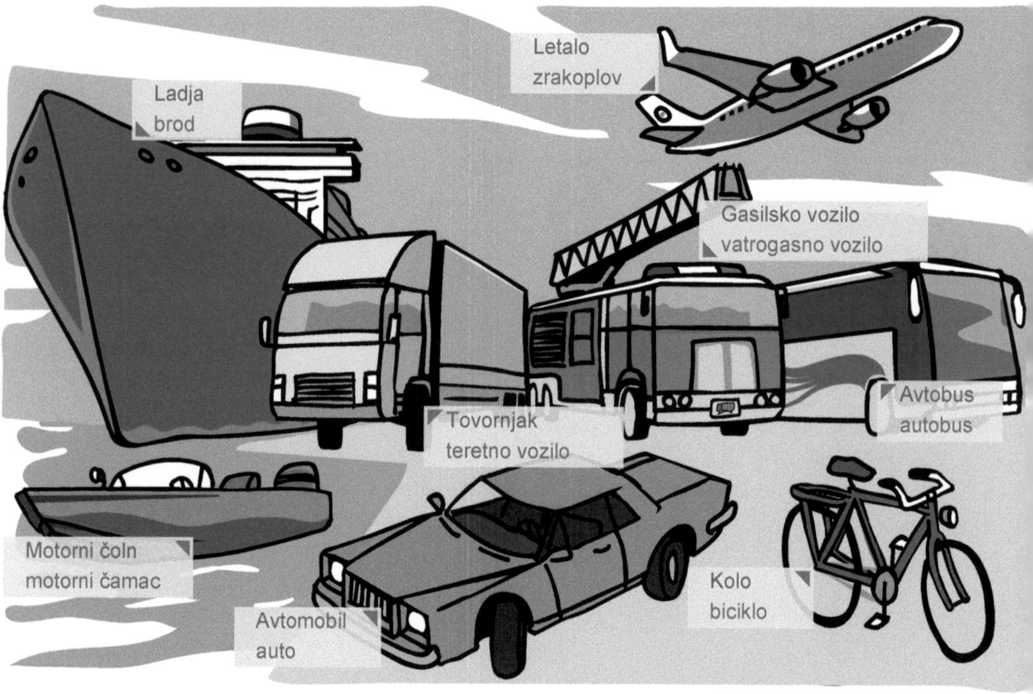

Letalo
zrakoplov
Ladja
brod
Gasilsko vozilo
vatrogasno vozilo
Avtobus
autobus
Tovornjak
teretno vozilo
Motorni čoln
motorni čamac
Kolo
biciklo
Avtomobil
auto

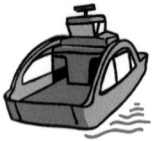

Trajekt

trajekt

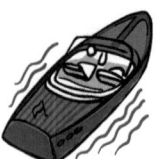

Čoln

čamac

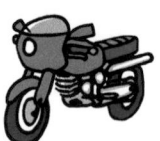

Motorno kolo

motocikl

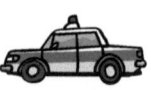

Policijski avto

policijski auto

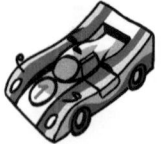

Dirkalni avto

trkaći auto

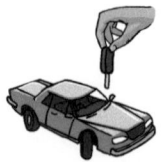

Najeto vozilo

iznajmljeno auto

Souporaba avtomobila

dijeljenje automobila

Avtovleka

vučno vozilo

Smetarsko vozilo

vozilo za odvoz smeća

Motor

motor

Gorivo

benzin

Bencinska postaja

benzinska postaja

Prometni znak

prometni znak

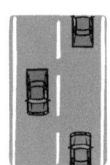

Promet

promet

Zastoj

zastoj

Parkirišče

parkiralište

Železniška postaja

kolodvor

Tirnice

šine

Vlak

vlak

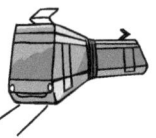

Tramvaj

tramvaj

Vagon

vagon

Helikopter
helikopter

Letališče
zrakoplovna luka

Stolp
toranj

Potnik
putnik

Kontejner
kontejner

Karton
karton

Voziček
kolica

Košara
košara

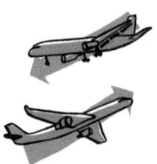

vzleteti / pristati
uzletjeti / sletjeti

Mesto
grad

Vas
selo

Mestno jedro
centar grada

Hiša
kuća

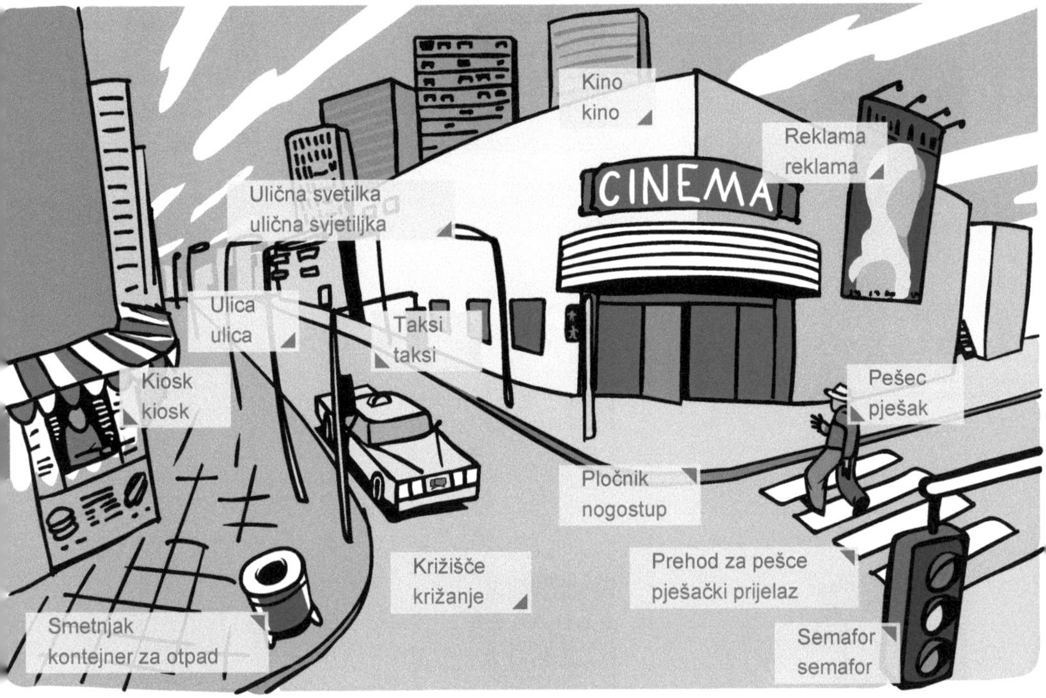

Kino
kino

Reklama
reklama

Ulična svetilka
ulična svjetiljka

CINEMA

Ulica
ulica

Taksi
taksi

Kiosk
kiosk

Pešec
pješak

Pločnik
nogostup

Križišče
križanje

Prehod za pešce
pješački prijelaz

Smetnjak
kontejner za otpad

Semafor
semafor

Koča
....
koliba

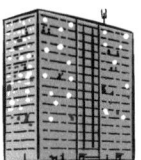

Stanovanje
....
stan

Železniška postaja
....
kolodvor

Mestna hiša
....
vijećnica

Muzej
....
muzej

Šola
....
škola

Univerza

sveučilište

Banka

banka

Bolnišnica

bolnica

Hotel

hotel

Lekarna

ljekarna

Pisarna

ured

Knjigarna

knjižara

Trgovina

prodavaonica

Cvetličarna

cvjećara

Supermarket

supermarket

Tržnica

trg

Veleblagovnica

robna kuća

Ribarnica

ribarnica

Nakupovalno središče

trgovački centar

Pristanišče

luka

Park park	Klop klupa	Most most

Stopnice stepenice	Podzemna železnica podzemna željeznica	Predor tunel

Avtobusno postajališče autobusna stanica	Bar bar	Restavracija restoran

Poštni nabiralnik poštansko sanduče	Ulična tabla ulični znak	Parkirna ura parkirni sat

Živalski vrt zoološki vrt	Kopališče bazen	Mošeja džamija

Kmetija

seosko gazdinstvo

Onesnaževanje

zagađenje okoliša

Pokopališče

groblje

Cerkev

crkva

Otroško igrišče

igralište

Tempelj

hram

Pokrajina
krajolik

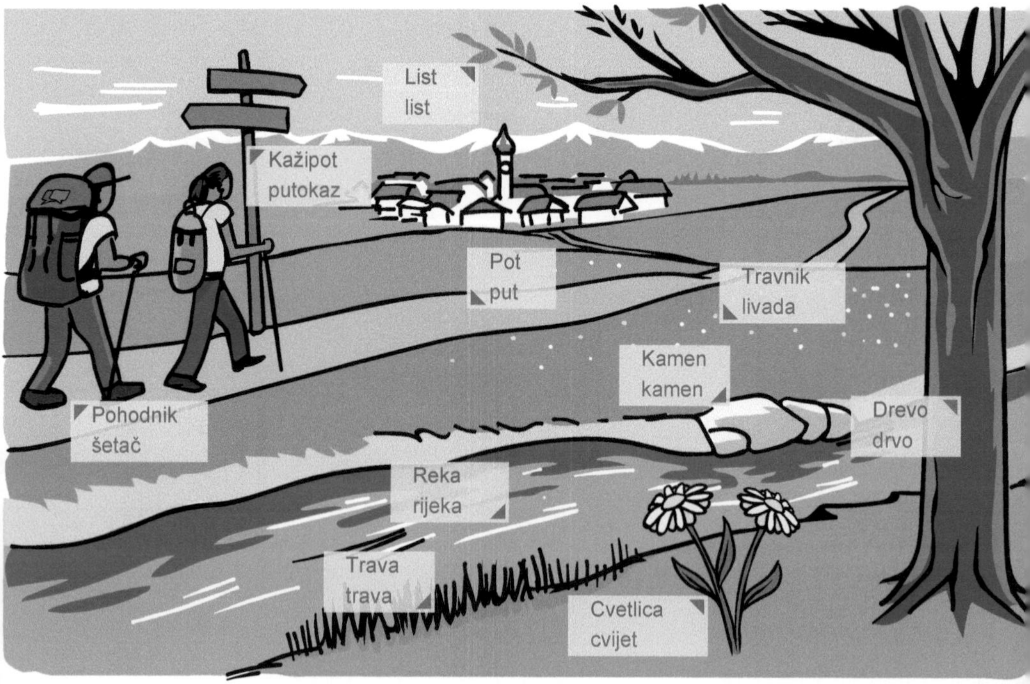

![Ilustracija pokrajine]

- List / list
- Kažipot / putokaz
- Pot / put
- Travnik / livada
- Kamen / kamen
- Drevo / drvo
- Pohodnik / šetač
- Reka / rijeka
- Trava / trava
- Cvetlica / cvijet

Dolina	Hrib	Jezero
dolina	planina	jezero
	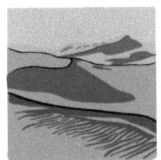	
Gozd	Puščava	Vulkan
šuma	pustinja	vulkan

Grad	Mavrica	Goba
dvorac	duga	gljiva

Palma	Komar	Muha
palma	moskito	muha

Mravlja	Čebela	Pajek
mrav	pčela	pauk

Hrošč

buba

Žaba

žaba

Veverica

vjeverica

Jež

jež

Zajec

zec

Sova

sova

Ptič

ptica

Labod

labud

Divji prašič

divlja svinja

Jelen

jelen

Los

los

Jez

nasip

Vetrnica

vjetrenjača

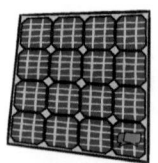

Solarna plošča

solarna ploča

Podnebje

klima

Restavracija
restoran

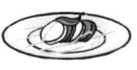

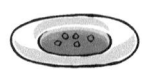

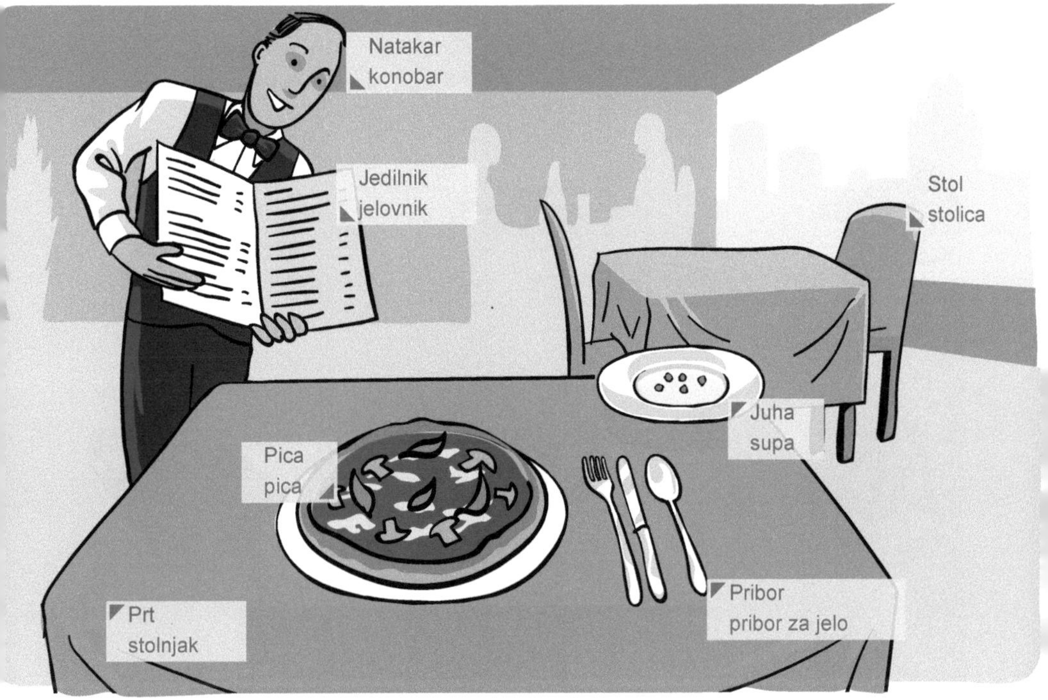

Natakar
konobar
Jedilnik
jelovnik
Stol
stolica
Juha
supa
Pica
pica
Pribor
pribor za jelo
Prt
stolnjak

Predjed

predjelo

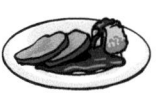

Glavna jed

glavno jelo

Sladica

desert

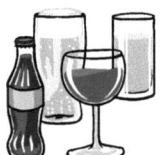

Pijače

napitci

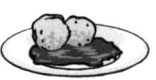

Hrana

jelo

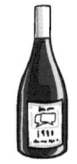

Steklenica

boca

Hitra hrana

fastfood

Ulična hrana

imbis hrana

Čajnik

čajnik

Sladkornica

doza za šećer

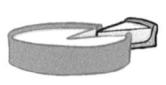

Porcija

porcija

Aparat za espresso

aparat za espresso

Stolček za hranjenje

visoka stolica

Račun

račun

Pladenj

pladanj

Nož

nož

Vilica

vilica

Žlica

žlica

Čajna žlička

čajna žlica

Servieta

ubrus

Kozarec

čaša

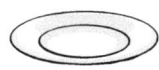

Krožnik

tanjur

Globoki krožnik

tanjur za supu

Krožniček

tanjurić

Omaka

sos

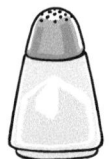

Solnica

soljenka

Mlinček za poper

mlin za biber

Kis

ocat

Olje

ulje

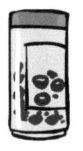

Začimbe

začini

Kečap

kečap

Gorčica

senf

Majoneza

majoneza

Supermarket
supermarket

Posebna ponudba
ponuda
FOR
Stranka
kupac
Mlečni izdelki
mliječni proizvodi
Sadje
voće
Nakupovalni voziček
kolica za kupnju

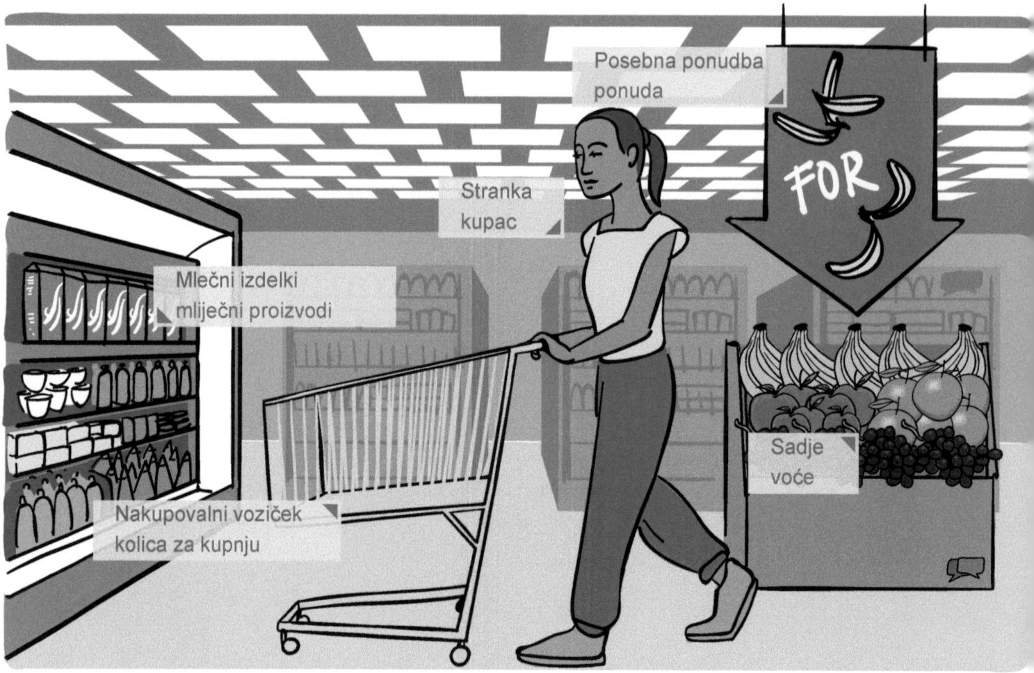

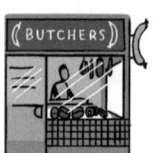

BUTCHERS

Mesnica

mesnica

BAKERY

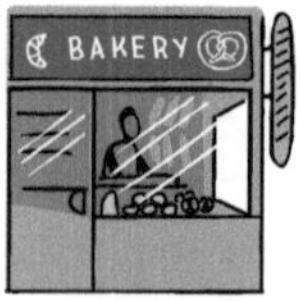

Pekarna

pekarnica

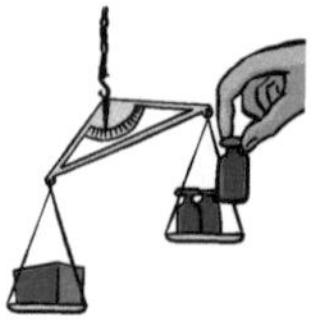

Tehtati

vagati

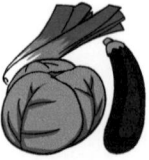

Zelenjava

povrće

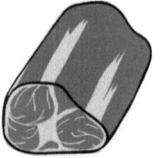

Meso

meso

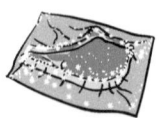

Zamrznjena hrana

duboko smrznuta hrana

Hladne mesnine
....
narezak

Konzerve
....
konzerve

Pralni prašek
....
sredstvo za pranje

Sladkarije
....
slatkiši

Gospodinjski izdelki
....
artikli za domaćinstvo

Čistilno sredstvo
....
sredstva za čišćenje

Prodajalka
....
prodavačica

Blagajna
....
blagajna

Blagajnik
....
blagajnik

Nakupovalni seznam
....
lista za kupnju

Delovni čas
....
vrijeme rada

Denarnica
....
novčanik

Kreditna kartica
....
kreditna kartica

Torba
....
torba

Plastična vrečka
....
plastična vrećica

Voda

voda

Sok

sok

Mleko

mlijeko

Kola

cola

Vino

vino

Pivo

pivo

Alkohol

alkohol

Kakav

kakao

Čaj

čaj

Kava

kava

Espresso

espresso

Kapučino

cappuccino

Banana

banana

Jabolko

jabuka

Pomaranča

naranča

Lubenica

lubenica

Limona

limun

Korenje

mrkva

Česen

češnjak

Bambus

bambus

Čebula

luk

Goba

gljiva

Oreščki

orašasti plodovi

Rezanci

rezanci

Špageti

špagete

Riž

riža

Solata

salata

Ocvrt krompirček

pomfrit

Pečen krompir

pečeni krumpir

Pica

pica

Hamburger

hamburger

Sendvič

sendvič

Zrezek

šnicla

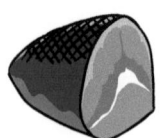

Šunka

pršut

Salama

salama

Klobasa

kobasica

Piščanec

kokoš

Pečenka

pečenje

Riba

riba

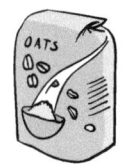

Ovseni kosmiči
zobene pahuljice

Musli
musli

Koruzni kosmiči
kukuruzne pahuljice

Moka
brašno

Rogljiček
roščić

Žemlja
pecivo

Kruh
kruh

Prepečenec
toast

Piškoti
keksi

Maslo
maslac

Skuta
svježi sir

Torta
kolač

Jajce
jaje

Pečeno jajce na oko
jaje na oko

Sir
sir

Sladoled

sladoled

Sladkor

šećer

Med

med

Marmelada

marmelada

Čokoladni namaz

nugat krema

Kari

curry

Kmetija
seosko gazdinstvo

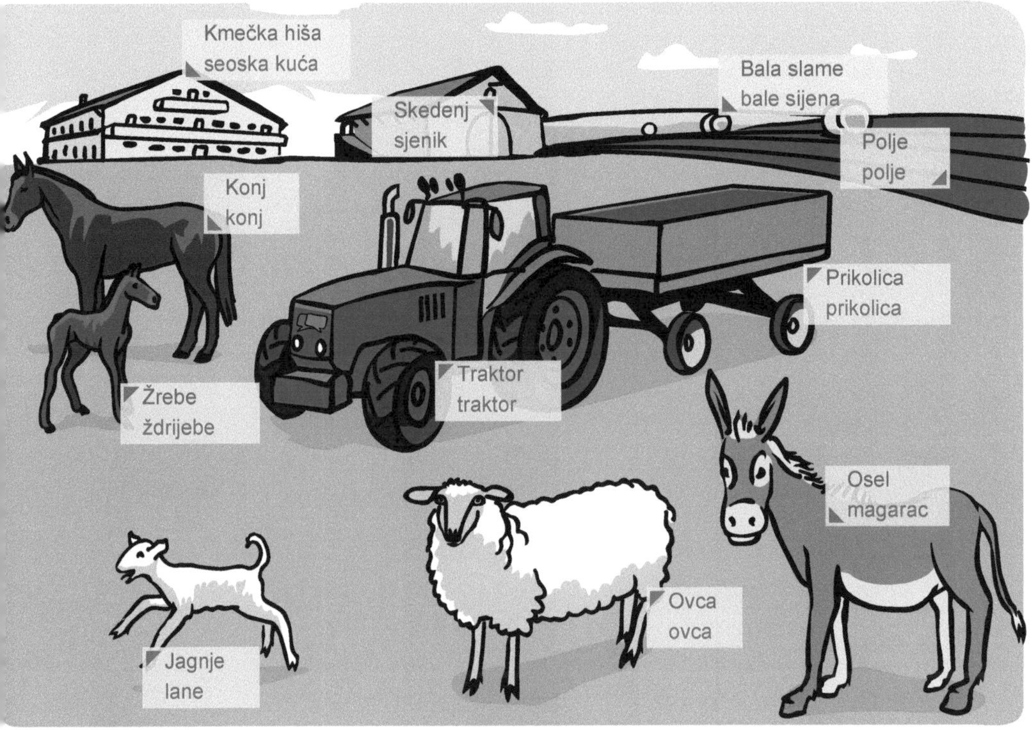

Kmečka hiša
seoska kuća
Skedenj
sjenik
Bala slame
bale sijena
Polje
polje
Konj
konj
Prikolica
prikolica
Traktor
traktor
Žrebe
ždrijebe
Osel
magarac
Ovca
ovca
Jagnje
lane

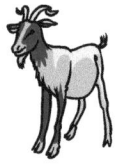

Koza
koza

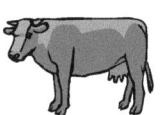

Krava
krava

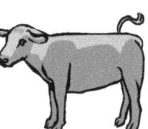

Tele
tele

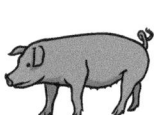

Prašič
svinja

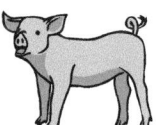

Pujsek
prase

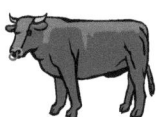

Bik
bik

Gos

guska

Raca

patka

Piščanec

pilići

Kokoš

kokoš

Petelin

pijetao

Podgana

pacov

Mačka

mačka

Miš

miš

Vol

vol

Pes

pas

Pasja uta

kućica za psa

Cev za zalivanje

vrtno crijevo

Kangla za zalivanje

kanta za polijevanje

Kosa

kosa

Plug

plug

Srp

srp

Motika

motika

Vile

vilica za gnojivo

Sekira

sjekira

Samokolnica

tačke

Korito

korito

Kangla za mleko

posuda za mlijeko

Vreča

vreća

Ograja

ograda

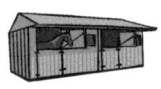

Hlev

štala

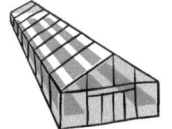

Rastlinjak

staklenik

Prst

zemlja

Seme

sjeme

Gnojilo

gnojivo

Kombajn

kombajn

Žeti
žanjati

Žetev
žetva

Jam
yams začin

Pšenica
pšenica

Soja
soja

Krompir
krumpir

Koruza
kukuruz

Oljna ogrščica
uljana repica

Sadno drevo
voćka

Maniok
gomolj manioke

Žito
žitarice

Hiša
kuća

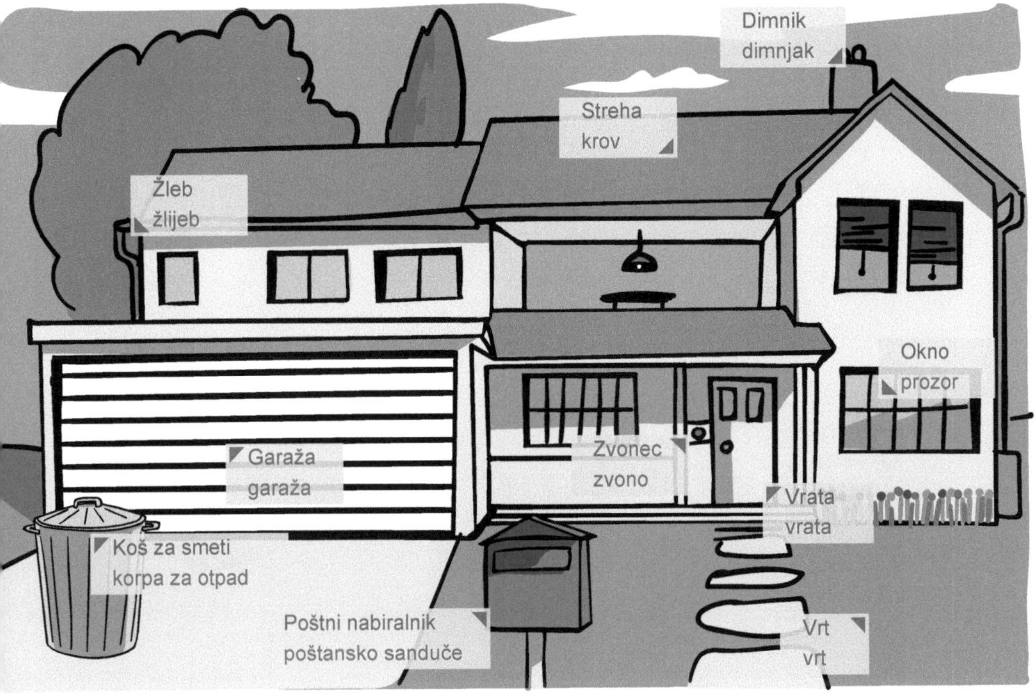

Dimnik
dimnjak
Streha
krov
Žleb
žlijeb
Okno
prozor
Garaža
garaža
Zvonec
zvono
Vrata
vrata
Koš za smeti
korpa za otpad
Poštni nabiralnik
poštansko sandučе
Vrt
vrt

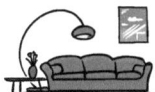

Dnevna soba
dnevna soba

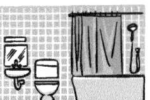

Kopalnica
kupaonica

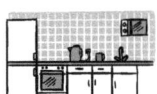

Kuhinja
kuhinja

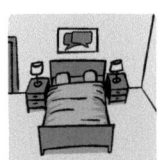

Spalnica
spavaća soba

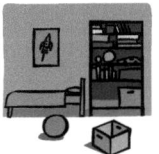

Otroška soba
dječija soba

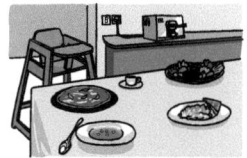

Jedilnica
trpezarija

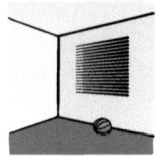

Tla
....
pod

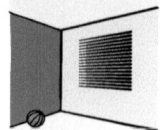

Stena
....
zid

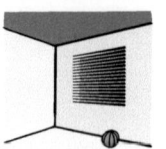

Strop
....
strop

Klet
....
podrum

Savna
....
sauna

Balkon
....
balkon

Terasa
....
terasa

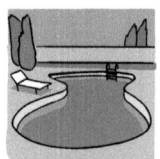

Bazen
....
bazen

Kosilnica
....
kosilica za travu

Rjuha
....
posteljina za krevet

Posteljno pregrinjalo
....
deka za krevet

Postelja
....
krevet

Metla
....
metla

Vedro
....
kanta

Stikalo
....
sklopka

Dnevna soba
dnevna soba

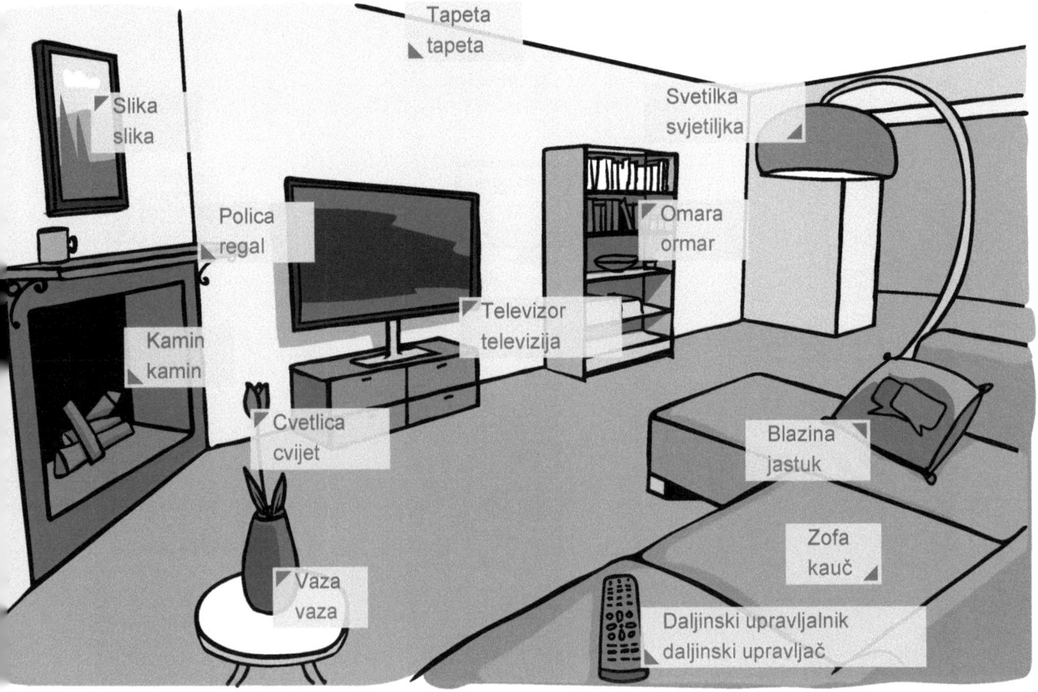

Tapeta
tapeta
Slika
slika
Svetilka
svjetiljka
Polica
regal
Omara
ormar
Televizor
televizija
Kamin
kamin
Cvetlica
cvijet
Blazina
jastuk
Zofa
kauč
Vaza
vaza
Daljinski upravljalnik
daljinski upravljač

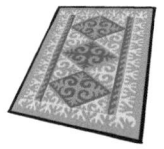

Preproga

tepih

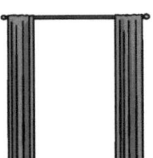

Zavesa

zavjesa

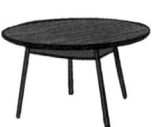

Miza

stol

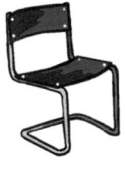

Stol

stolica

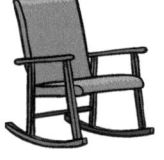

Gugalnik

stolica za njihanje

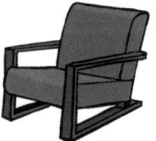

Naslanjač

fotelja

Knjiga

knjiga

Odeja

deka

Dekoracija

dekoracija

Drva

drvo za ogrjev

Film

film

Glasbeni stolp

stereo uređaj

Ključ

ključ

Časopis

novine

Slika

slika na platnu

Plakat

poster

Radio

radio

Beležka

blok za pisanje

Sesalnik

usisavač

Kaktus

kaktus

Sveča

svijeća

Kuhinja
kuhinja

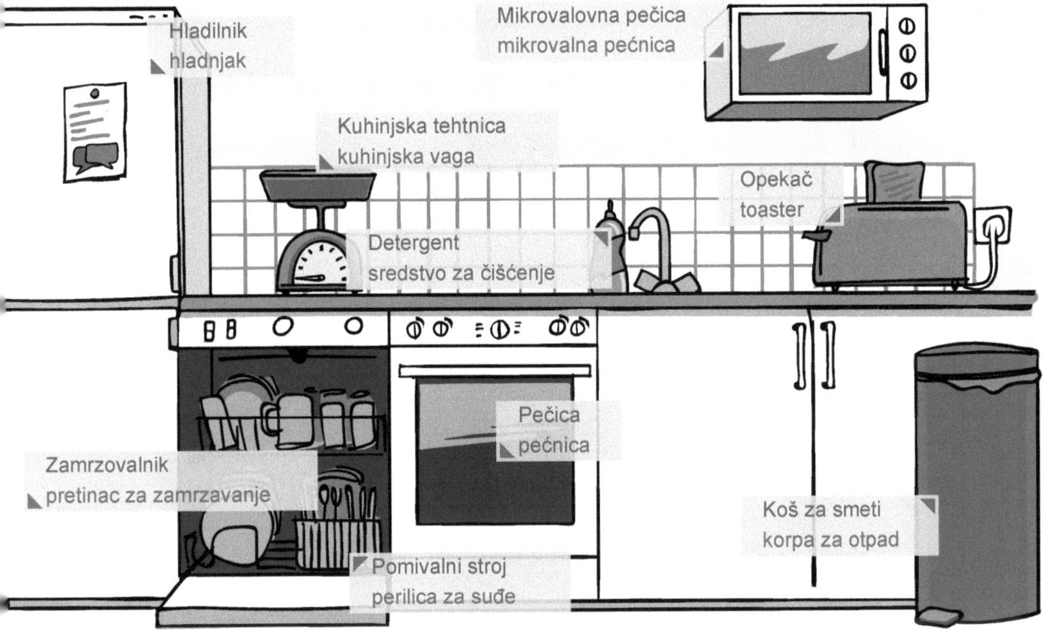
Hladilnik
hladnjak
Mikrovalovna pečica
mikrovalna pećnica
Kuhinjska tehtnica
kuhinjska vaga
Opekač
toaster
Detergent
sredstvo za čišćenje
Pečica
pećnica
Zamrzovalnik
pretinac za zamrzavanje
Koš za smeti
korpa za otpad
Pomivalni stroj
perilica za suđe

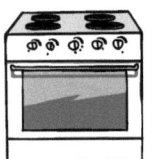

Kozica

štednjak

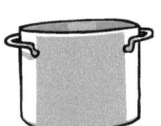

Lonec

lonac

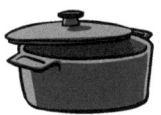

Litoželezni lonec

željezni lonac

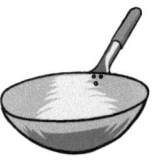

Vok / kadai

wok / kadai

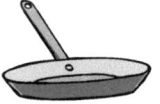

Ponev

tava

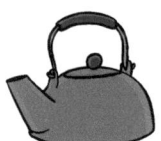

Kotliček

kuhalo za vodu

Parni kuhalnik

kuhalo na paru

Pekač

lim za pečenje

Posoda

posuđe

Skodelica

čaša

Skleda

zdjela

Jedilne paličice

štapići za jelo

Zajemalka

kutljača

Lopatica

lopatica

Metlica

pjenjača

Cedilnik

sito za kuhanje

Cedilo

sito

Strgalo

ribež

Možnar

mužar

Žar

roštilj

Ognjišče

ognjište

Deska za rezanje

daska

Valjar

oklagija

Odpirač za steklenice

vadičep

Pločevinka

konzerva

Odpirač za konzerve

otvarač konzervi

Prijemalka za posodo

krpa za lonac

Korito

sudoper

Ščetka

četka

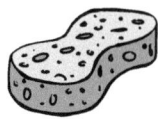

Goba

spužva

Mešalnik

mikser

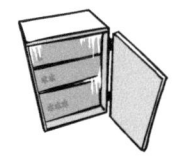

Zamrzovalna skrinja

zamrzivač

Steklenička

bočica za bebe

Pipa

slavina za vodu

Kopalnica
kupaonica

Prha
tuš
Ogrevanje
grijanje
Brisača
ručnik
Zavesa za prho
zavjesa za tuš
Peneča kopel
pjenušava kupka
Kopalna kad
kada
Kozarec
čaša
Pralni stroj
perilica za rublje
Pipa
slavina za vodu
Ploščice
pločice
Kahlica
dječja kahlica
Korito
sudoper

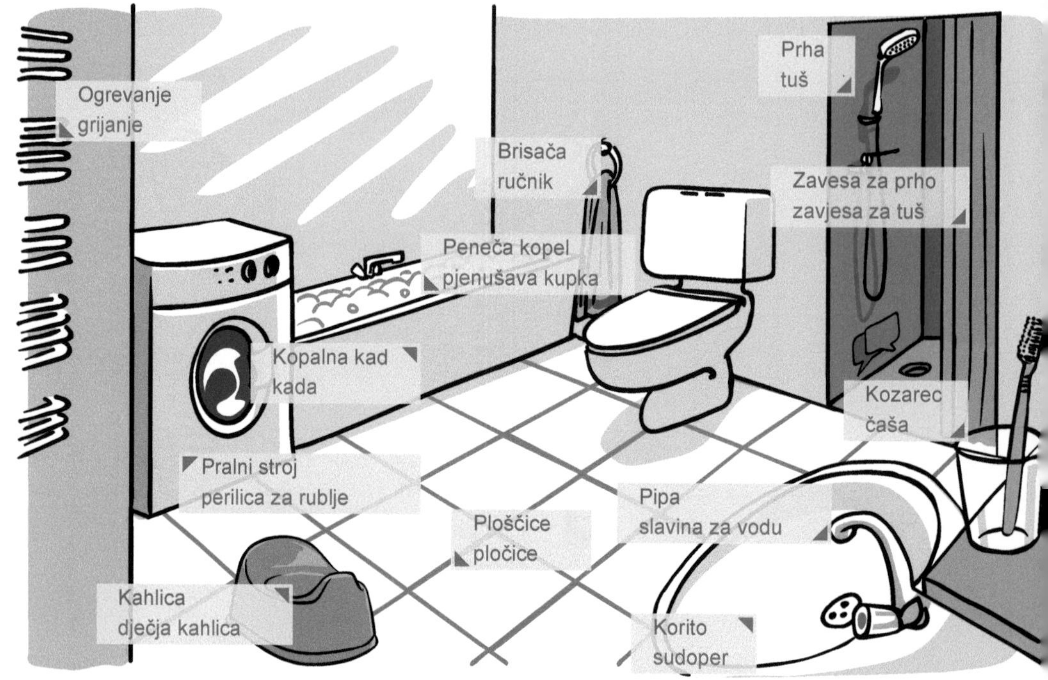

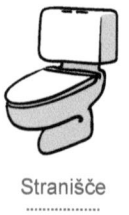

Stranišče

toalet

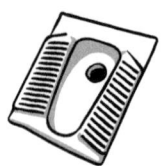

Stranišče na počep

čučavac

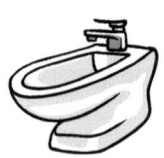

Bide

bidet

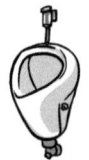

Pisoar

pisoar

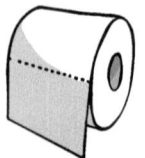

Toaletni papir

papir za toalet

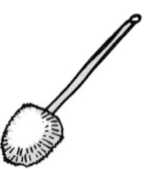

Ščetka za straniščno školjko

četka za toalet

Zobna ščetka

četkica za zube

Zobna pasta

pasta za zube

Zobna nitka

konac za zube

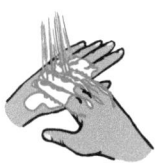

Umiti se

prati

Ročna prha

tuš ručica

Prha za intimne dele

tuš za pranje intimnih dijelova

Umivalnik

lavor

Krtača za hrbet

četka za pranje leđa

Milo

sapun

Gel za prhanje

gel za tuširanje

Šampon

šampon

Krpica za miljenje

krpa za pranje

Odtok

odvod

Krema

krema

Deodorant

dezodorans

Ogledalo

ogledalo

Ročno ogledalo

kozmetičko ogledalo

Britvica

brijač

Pena za britje

pjena za brijanje

Vodica po britju

losion za poslije brijanja

Glavnik

češalj

Ščetka

četka

Sušilnik za lase

sušilo za kosu

Lak za lase

sprej za kosu

Ličila

makeup

Šminka

ruž za usne

Lak za nohte

lak za nokte

Vatirane blazinice

vata

Škarjice za nohte

škare za nokte

Parfum

parfem

Toaletna torbica

neseser

Stol brez naslonjala

stolica

Osebna tehtnica

vaga

Kopalni plašč

ogrtač

Gumijaste rokavice

rukavice za čišćenje

Tampon

tampon

Damski vložki

uložak

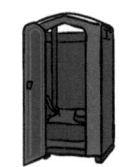

Kemično stranišče

kemijski toalet

Otroška soba
dječija soba

Budilka
budilnik
Plišasta igrača
plišana igračka
Avtomobilček
auto igračka
Ropotuljica
zvečka
Hiška za punčke
kućica za lutke
Darilo
poklon

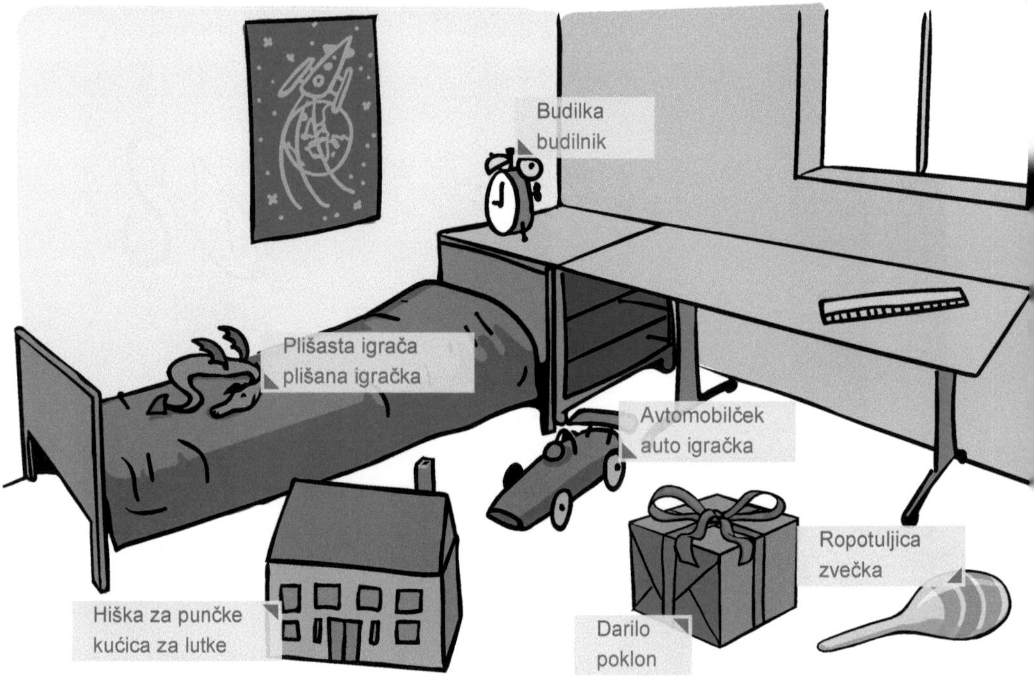

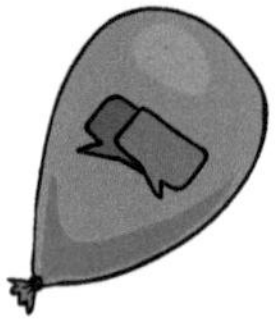

Balon
balon

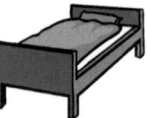

Postelja
krevet

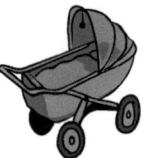

Otroški voziček
dječija kolica

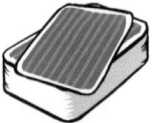

Igralne karte
igra s kartama

Sestavljanka
slagalica

SUPER
MEGA

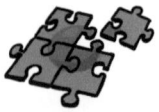

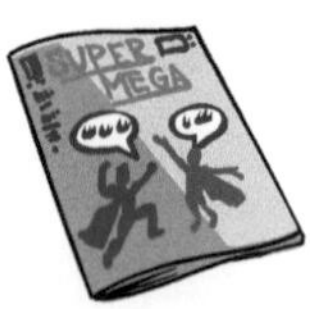

Strip
strip

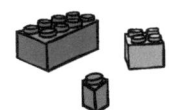

Lego kocke

lego kockice

Igralne kocke

kockice za slaganje

Akcijska figura

akcioni junak

Bodi

kombinezon za bebe

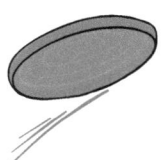

Frizbi

frizbi

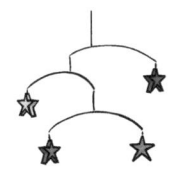

Vrtiljak za posteljico

viseće igračke

Namizna igra

društvene igre

Kocka

kocka

Komplet modelov vlakov

minijaturna željeznica

Duda

duda

Zabava

tulum

Slikanica

slikovnica

Žoga

lopta

Lutka

lutka

Igrati se

igrati

Peskovnik

pješčanik

Gugalnica

ljuljačka

Igrače

igračka

Igralna konzola

konzola za igre

Tricikel

tricikl

Plišasti medvedek

plišani medo

Garderoba

ormar

Oblačilo

odjeća

Nogavice

kratke čarape

Samostoječe nogavice

čarape

Hlačne nogavice

hulahopke

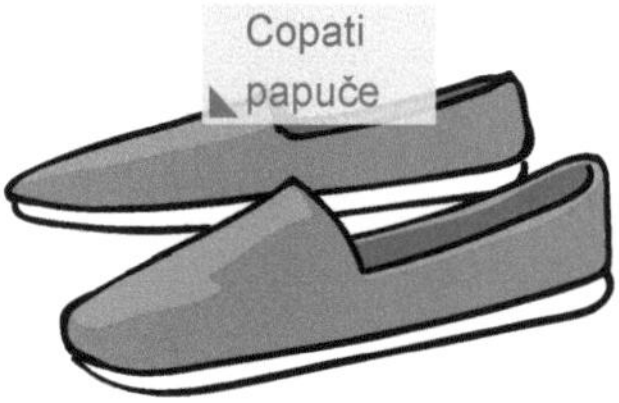

Šal
šal

Dežnik
kišobran

Majica s kratkimi rokavi
t-shirt

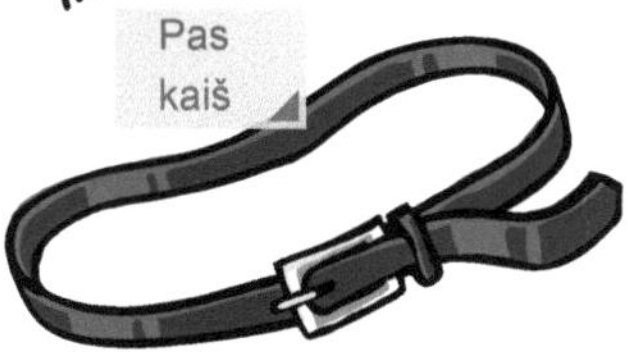

Pas
kaiš

Škornji
čizme

Copati
papuče

Športni copati
patike

Sandali
....
sandale

Čevlji
....
cipele

Gumijasti škornji
....
gumene čizme

Spodnje hlače
....
gaćice

Modrček
....
grudnjak

Telovnik
....
potkošulja

Oblačilo - odjeća

45

Bodi

bodi

Hlače

hlače

Kavbojke

džins

Krilo

haljina

Bluza

bluza

Srajca

košulja

Pulover

džemper

Pletena jopica

pulover s kapuljačom

Jopa

blejzer

Jakna

jakna

Plašč

kaput

Dežni plašč

kabanica

Kostim

kostim

Obleka

haljina

Poročna obleka

vjenčanica

Oblačilo - odjeća

Obleka

odijelo

Spalna srajca

spavaćica

Pižama

pidžama

Sari

sari

Naglavna ruta

rubac

Turban

turban

Burka

burka

Kaftan

kaftan

Abaja

abaja

Kopalke

kupaći kostim

Kopalne hlače

kupaće gaćice

Kratke hlače

kratke hlače

Trenirka

odjeća za trening

Predpasnik

pregača

Rokavice

rukavice

Gumb

gumb

Očala

naočale

Zapestnica

narukvica

Verižica

ogrlica

Prstan

prsten

Uhan

naušnica

Kapa

kapa

Obešalnik

vješalica

Klobuk

šešir

Kravata

kravata

Zadrga

patent zatvarač

Čelada

kaciga

Naramnice

naramenice

Šolska uniforma

školska uniforma

Uniforma

uniforma

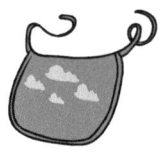

Slinček

podbradak

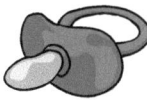

Duda

duda

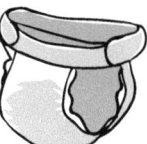

Plenica

pelena

Pisarna

ured

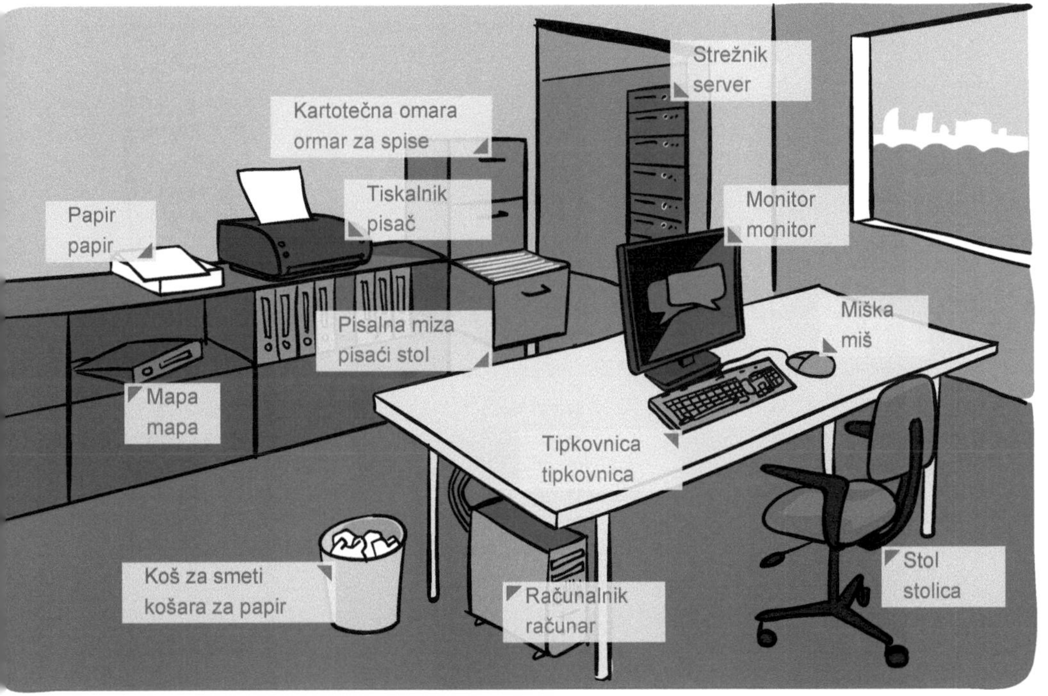
Strežnik
server
Kartotečna omara
ormar za spise
Tiskalnik
pisač
Papir
papir
Monitor
monitor
Miška
miš
Pisalna miza
pisaći stol
Mapa
mapa
Tipkovnica
tipkovnica
Koš za smeti
košara za papir
Računalnik
računar
Stol
stolica

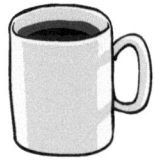

Lonček za kavo

šalica za kavu

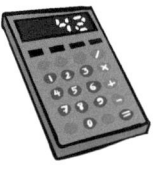

Kalkulator

kalkulator

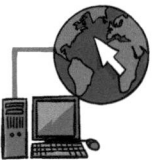

Internet

internet

Prenosnik

laptop

Pismo

pismo

Sporočilo

poruka

Mobilnik

mobilni telefon

Omrežje

mreža

Kopirni stroj

uređaj za kopiranje

Programska oprema

softver

Telefon

telefon

Vtičnica

utičnica

Telefaks

faks

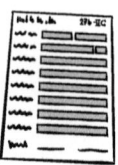

Obrazec

obrazac

Dokument

dokument

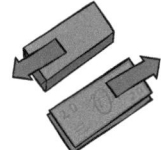

Kupiti

kupovati

Plačati

platiti

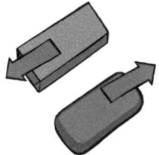

Trgovati

trgovati

Denar

novac

Dolar

dolar

Evro

euro

Jen

jen

Rubelj

rubalj

Švičarski frank

švicarski franak

Kitajski juan renminbi

renmindbi yuan

Rupija

rupija

Bankomat

automat za novac

Menjalnica

mjenjačnica

Zlato

zlato

Srebro

srebro

Nafta

nafta

Energija

energija

Cena

cijena

Pogodba

ugovor

Davek

porez

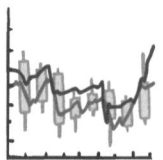

Delnice

dionica

Delati

raditi

Delojemalec

službenik

Delodajalec

poslodavac

Tovarna

tvornica

Trgovina

prodavaonica

Poklici
zanimanja

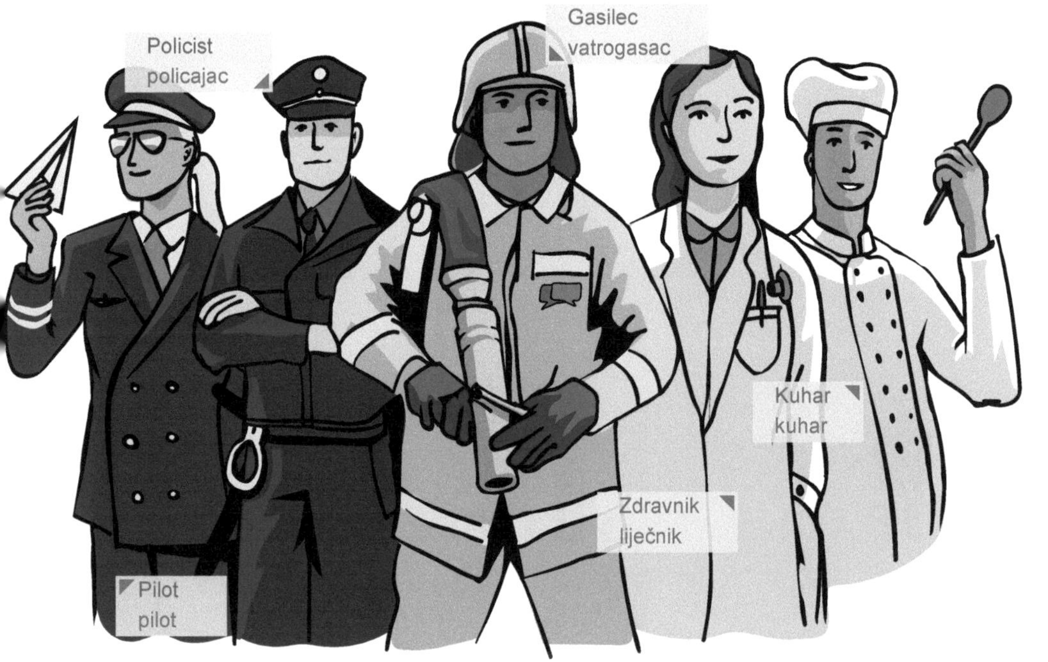

Gasilec
vatrogasac
Policist
policajac
Kuhar
kuhar
Zdravnik
liječnik
Pilot
pilot

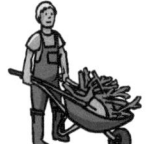

Vrtnar
vrtlar

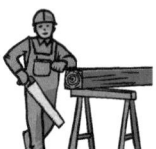

Mizar
stolar

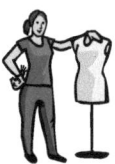

Šivilja
krojačica

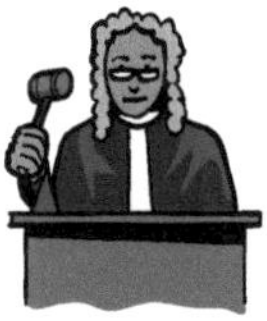

Sodnik
sudija

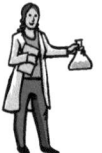

Kemik
kemičar

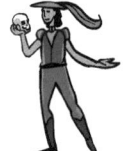

Igralec
glumac

Voznik avtobusa

vozač autobusa

Taksist

vozač taksija

Ribič

ribar

Čistilka

čistačica

Krovec

krovopokrivač

Natakar

konobar

Lovec

lovac

Pleskar

slikar

Pek

pekar

Električar

električar

Gradbenik

građevinski radnik

Inženir

inženjer

Mesar

mesar

Vodovodni inštalater

limar

Poštar

poštar

Vojak

vojnik

Arhitekt

arhitekta

Blagajnik

blagajnik

Cvetličar

cvjećar

Frizer

frizer

Sprevodnik

kondukter

Mehanik

mehaničar

Kapitan

kapetan

Zobozdravnik

zubar

Znanstvenik

znanstvenik

Rabin

rabi

Imam

imam

Menih

monah

Duhovnik

svećenik

Orodje

alati

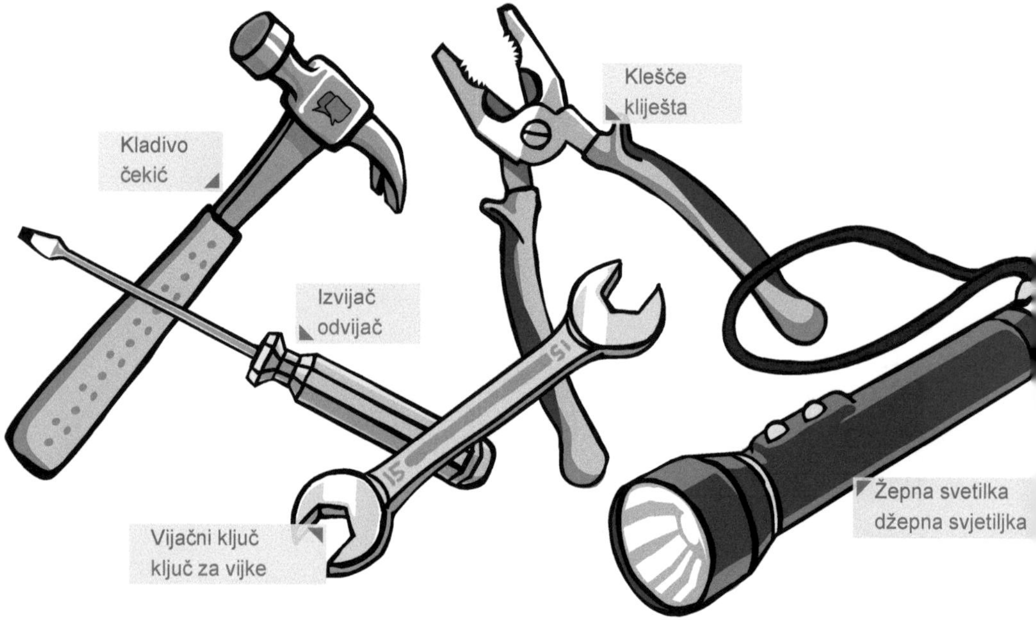
Kladivo
čekić
Klešče
kliješta
Izvijač
odvijač
Vijačni ključ
ključ za vijke
Žepna svetilka
džepna svjetiljka

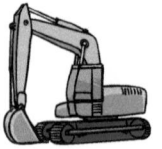

Bager

rovokopač

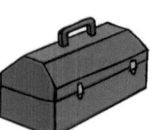

Zaboj z orodjem

kutija za alat

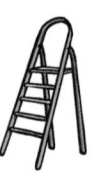

Lestev

ljestve

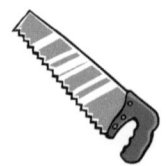

Žaga

pila

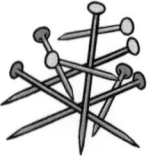

Žeblji

ekser

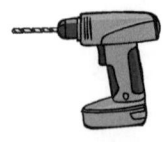

Vrtalnik

bušilica

Popraviti

popraviti

Lopata

lopata

Šment!

Sranje!

Smetišnica

lopatica

Posoda z barvo

lonac za boju

Vijaki

vijci

Glasbeni instrument

glazbeni instrument

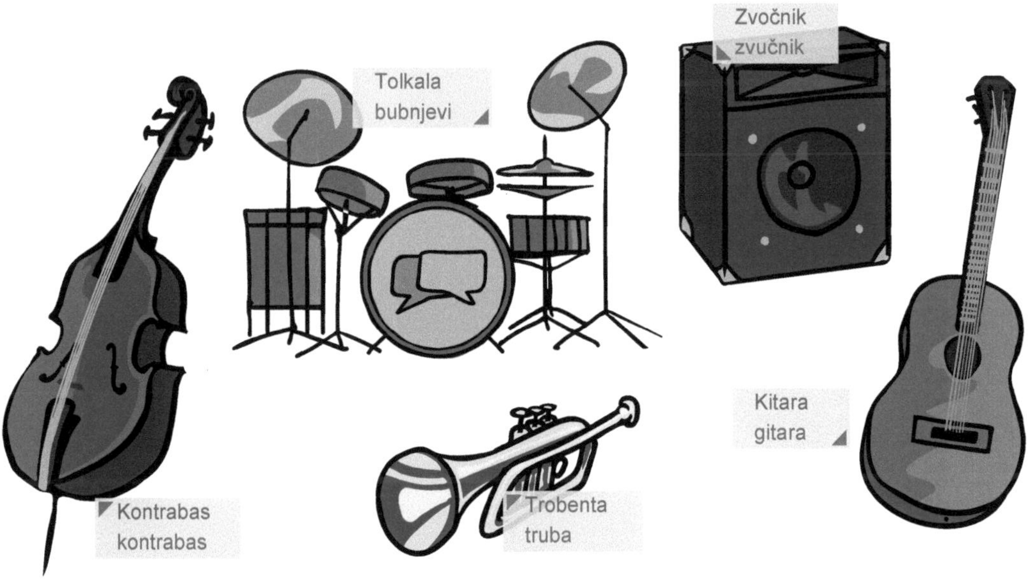

Zvočnik
zvučnik

Tolkala
bubnjevi

Kitara
gitara

Kontrabas
kontrabas

Trobenta
truba

Klavir

klavir

Violina

violina

Bas kitara

bas

Pavke

timpani

Bobni

udaraljke za bubnjeve

Sintetizator

keyboard

Saksofon

saksofon

Flavta

flauta

Mikrofon

mikrofon

Živalski vrt
zoološki vrt

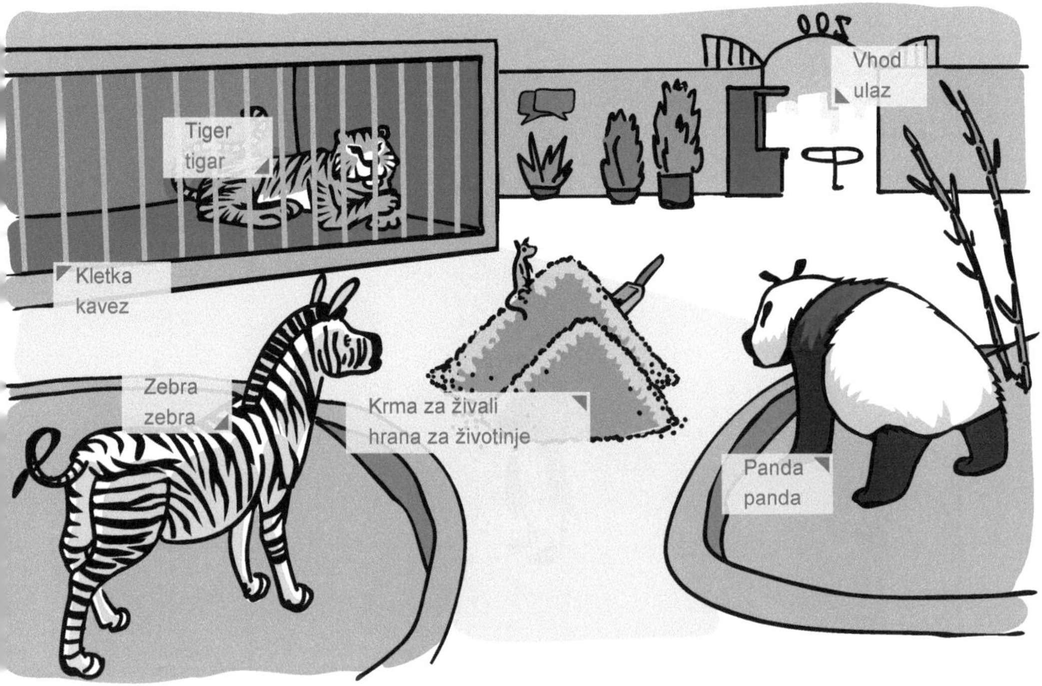

Vhod
ulaz
Tiger
tigar
Kletka
kavez
Zebra
zebra
Krma za živali
hrana za životinje
Panda
panda

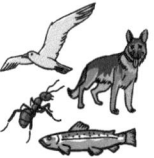

Živali
životinje

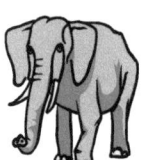

Slon
slon

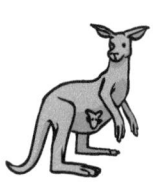

Kenguru
kengur

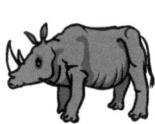

Nosorog
nosorog

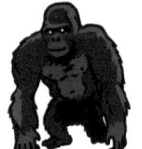

Gorila
gorila

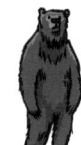

Medved
medvjed

Kamela

kamila

Noj

noj

Lev

lav

Opica

majmun

Plamenec

flamingo

Papagaj

papagaj

Severni medved

polarni medvjed

Pingvin

pingvin

Morski pes

ajkula

Pav

paun

Kača

zmija

Krokodil

krokodil

Oskrbnik v živalskem vrtu

čuvar u zoološkom vrtu

Tjulenj

tuljan

Jaguar

jaguar

Poni

poni

Leopard

leopard

Povodni konj

nilski konj

Žirafa

žirafa

Orel

orao

Divji prašič

divlja svinja

Riba

riba

Želva

kornjača

Mrož

morž

Lisica

lisica

Gazela

gazela

Ameriški nogomet
ameriški nogomet

Kolesarjenje
biciklizam

Tenis
tenis

Košarka
košarka

Plavanje
plivanje

Boks
boks

Hokej
hockey na ledu

Nogomet
nogomet

Badminton
badminton

Atletika
atletika

Rokomet
rukomet

Smučanje
skijanje

Polo
polo

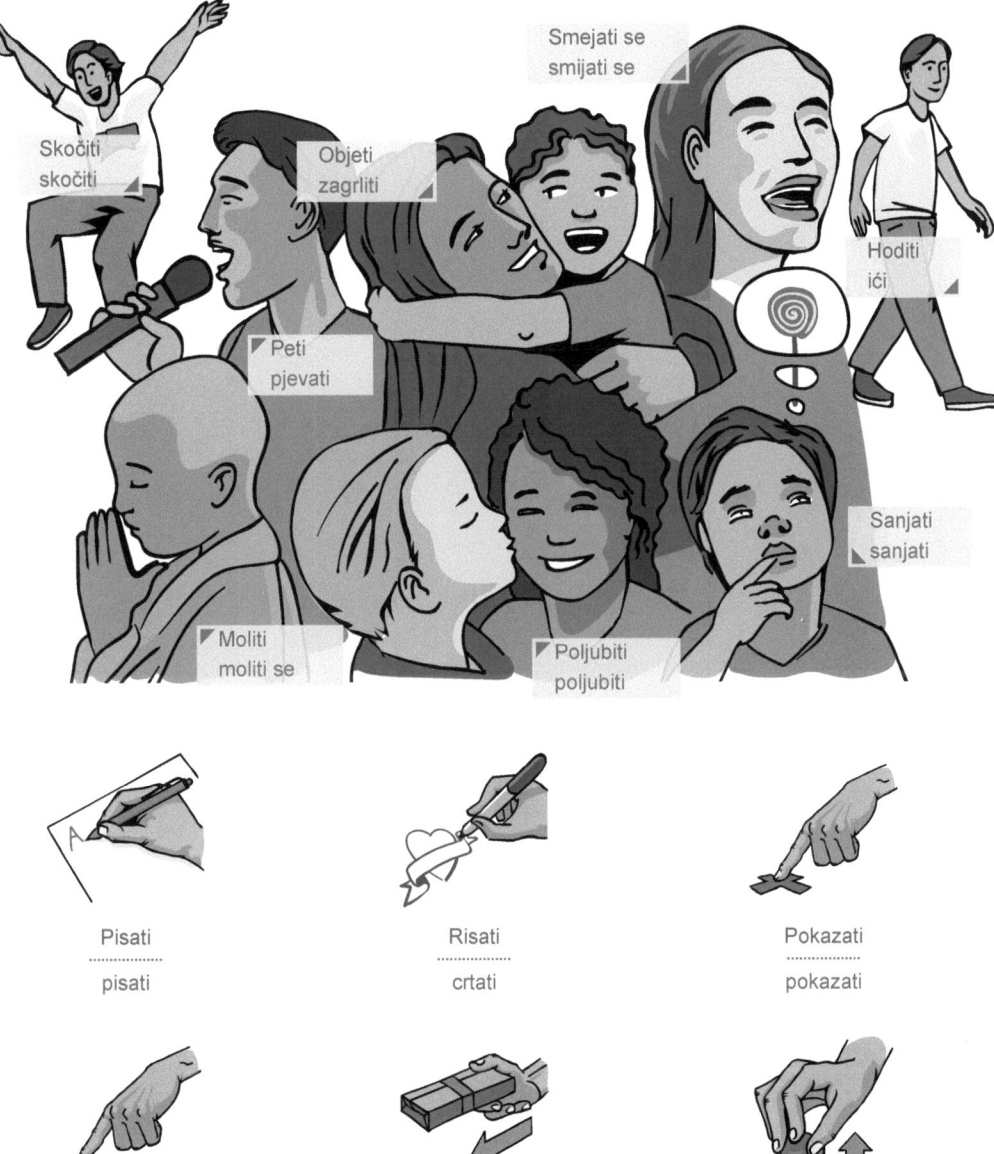

Skočiti
skočiti

Objeti
zagrliti

Smejati se
smijati se

Hoditi
ići

Peti
pjevati

Sanjati
sanjati

Moliti
moliti se

Poljubiti
poljubiti

Pisati
pisati

Risati
crtati

Pokazati
pokazati

Potisniti
gurati

Dati
dati

Vzeti
uzeti

Imeti

imati

Narediti

činiti

Biti

biti

Stati

stojati

Teči

trčati

Vleči

povlačiti

Vreči

baciti

Pasti

padati

Ležati

ležati

Čakati

čekati

Nositi

nositi

Sedeti

sjediti

Obleči se

oblačiti

Spati

spavati

Zbuditi se

probuditi se

Gledati
gledati

Jokati
plakati

Božati
milovati

Česati se
češljati

Govoriti
govoriti

Razumeti
razumjeti

Vprašati
pitati

Poslušati
slušati

Piti
piti

Jesti
jesti

Pospraviti
pospremiti

Ljubiti
voljeti

Kuhati
kuhati

Voziti
voziti

Leteti
letjeti

Jadrati
ploviti

Računanje
računati

Brati
čitati

Učiti se
učiti

Delati
raditi

Poročiti se
vjenčati se

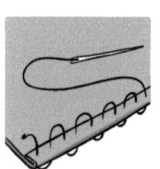

Šivati
šiti

Ščetkati si zobe
prati zube

Ubiti
ubiti

Kaditi
pušiti

Poslati
poslati

Družina
obitelj

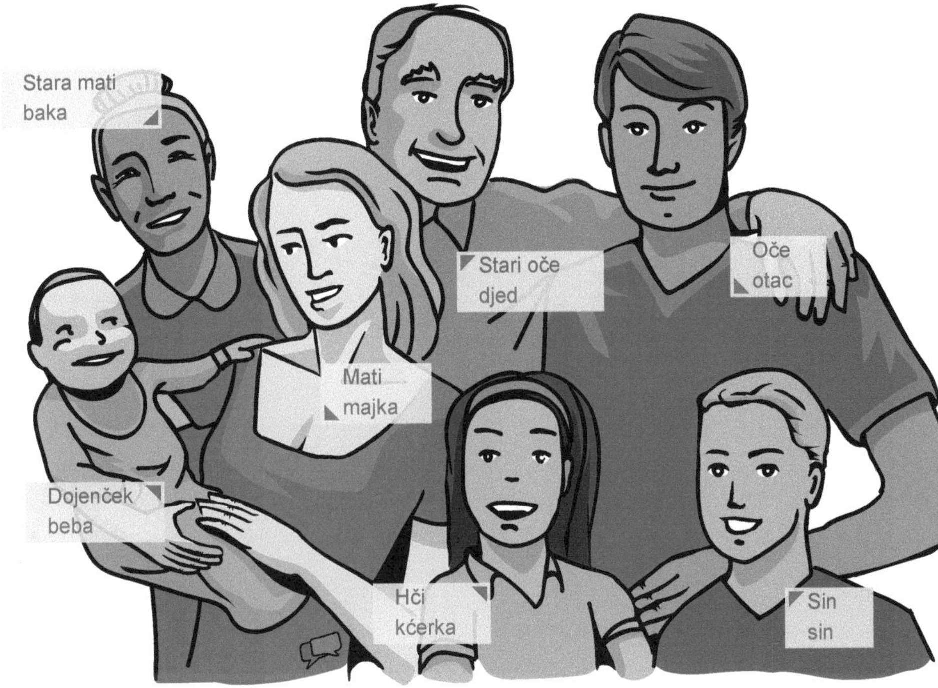
Stara mati
baka
Stari oče
djed
Oče
otac
Mati
majka
Dojenček
beba
Hči
kćerka
Sin
sin

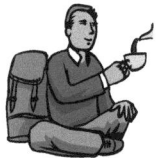

Gost
gost

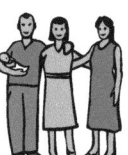

Teta
tetka

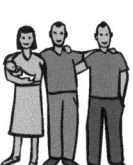

Stric
ujak, stric

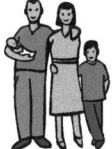

Brat
brat

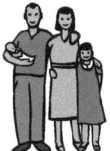

Sestra
sestra

Telo
tijelo

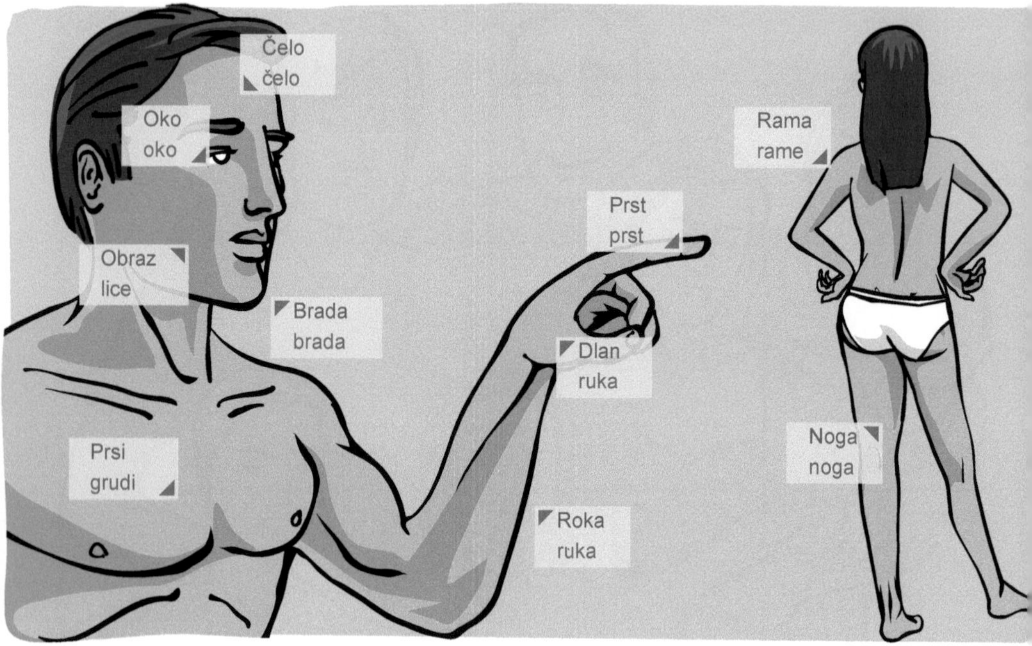

Čelo
čelo

Oko
oko

Rama
rame

Prst
prst

Obraz
lice

Brada
brada

Dlan
ruka

Prsi
grudi

Noga
noga

Roka
ruka

Dojenček
....
beba

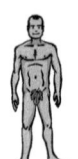

Človek
....
muškarac

Ženska
....
žena

Dekle
....
djevojčica

Fant
....
dječak

Glava
....
glava

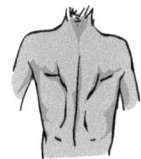	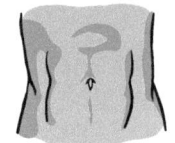	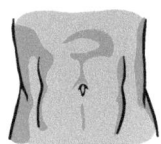
Hrbet	Trebuh	Popek
leđa	trbuh	pupak
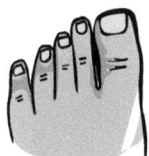	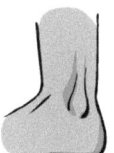	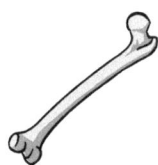
Prst na nogi	Peta	Kost
nožni prst	peta	kost
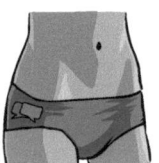		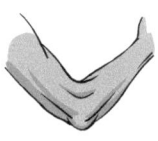
Kolk	Koleno	Komolec
kuk	koljeno	lakat
		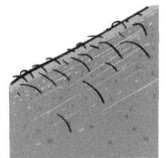
Nos	Zadnjica	Koža
nos	stražnjica	koža
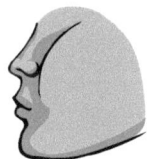	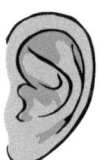	
Lice	Uho	Ustnica
obraz	uho	usna

Usta

usta

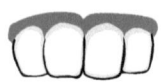

Zob

zub

Jezik

jezik

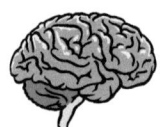

Možgani

mozak

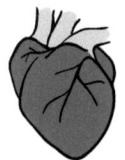

Srce

srce

Mišica

mišić

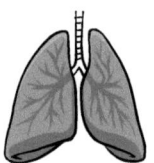

Pljuča

pluća

Jetra

jetra

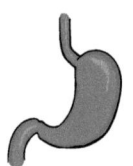

Želodec

želudac

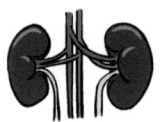

Ledvice

bubrezi

Spolni odnos

snošaj

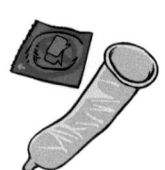

Kondom

kondom

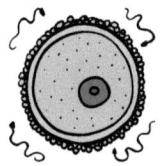

Jajčece

jajna stanica

Semenska tekočina

sperma

Nosečnost

trudnoća

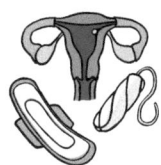

Menstruacija

menstruacija

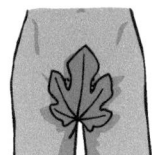

Vagina

vagina

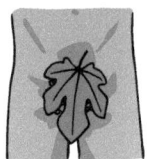

Penis

penis

Obrv

obrva

Lasje

kosa

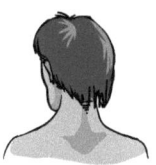

Vrat

vrat

Bolnišnica
bolnica

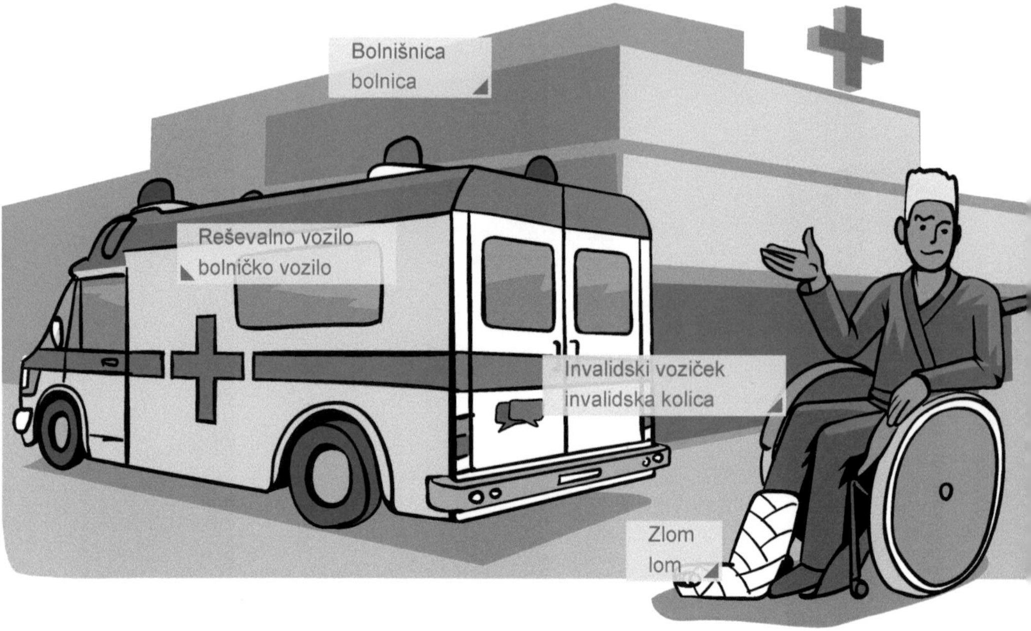

Bolnišnica
bolnica
Reševalno vozilo
bolničko vozilo
Invalidski voziček
invalidska kolica
Zlom
lom

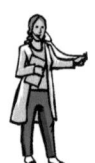

Zdravnik

liječnik

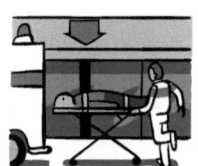

Urgenca

hitna medicinska služba

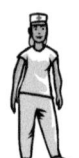

Medicinska sestra

medicinska sestra

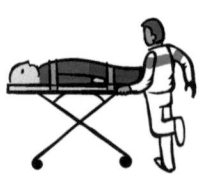

Nujni primer

hitni slučaj

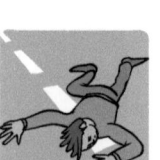

Nezavesten

nesvijest

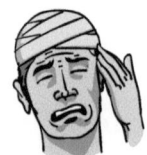

Bolečina

bol

Poškodba

ozljeda

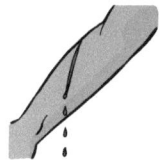

Krvavenje

krvarenje

Srčni infarkt

srćani infarkt

Kap

moždani udar

Alergija

alergija

Kašelj

kašalj

Vročina

groznica

Gripa

gripa

Driska

proljev

Glavobol

glavobolja

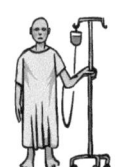

Rak

rak

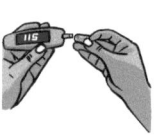

Sladkorna bolezen

dijabetes

Kirurg

kirurg

Skalpel

skalpel

Operacija

operacija

CT
ct

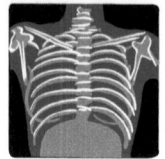

Rentgen
rentgen

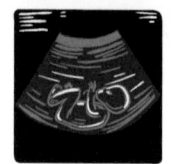

Ultrazvok
ultrazvuk

Obrazna maska
maska

Bolezen
bolest

Čakalnica
čekaonica

Bergla
štaka

Obliž
flaster

Preveza
zavoj

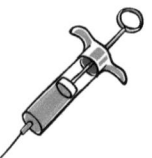

Injekcija
injekcija

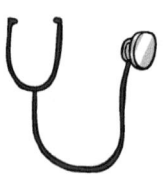

Stetoskop
stetoskop

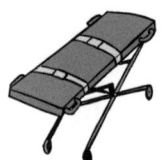

Nosila
nosilo

Klinični termometer
termometar

Porod
rođenje

Prekomerna teža
prekomjerna težina

Slušni pripomoček

slušni aparat

Razkužilo

sredstvo za dezinfekciju

Okužba

infekcija

Virus

virus

HIV / AIDS

hiv / sida

Medicina

medicina

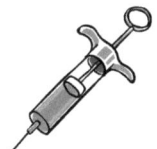

Cepljenje

vakcinacija

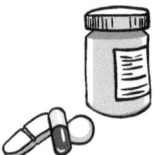

Tablete

tablete

Tableta

pilula

Klic v sili

poziv u pomoć

Merilnik krvnega tlaka

uređaj za mjerenje tlaka

bolano / zdravo

bolesno / zdravo

Na pomoč!

pomoć!

Alarm

alarm

Napad

nasrtaj

Napad

napad

Nevarnost

opasnost

Izhod v sili

izlaz za nuždu

Gori!

požar!

Gasilni aparat

vatrogasni aparat

Nezgoda

nezgoda

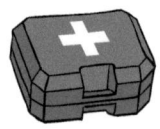

Komplet za prvo pomoč

kofer prve pomoći

SOS

sos

Policija

policija

Evropa

Europa

Severna Amerika

sjeverna amerika

Južna Amerika

južna amerika

Afrika

Afrika

Azija

Azija

Avstralija

Australija

Atlantski ocean

Atlantik

Tihi ocean

Pacifik

Indijski ocean

ocean

Južni ocean

antarktički ocean

Arktični ocean

arktički ocean

Severni tečaj

sjeverni pol

Južni tečaj
....
južni pol

Antarktika
....
Antarktik

Zemlja
....
zemlja

Kopno
....
zemlja

Morje
....
more

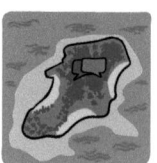

Otok
....
otok

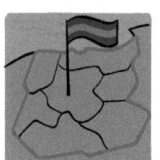

Narod
....
nacija

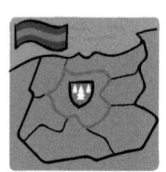

Država
....
država

Zemlja - zemlja

Številčnica

brojčanik sata

Urni kazalec

satna kazaljka

Minutni kazalec

minutna kazaljka

Sekundni kazalec

sekundna kazaljka

Koliko je ura?

Koliko je sati?

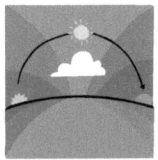

Dan

dan

Čas

vrijeme

Zdaj

sada

Digitalna ura

digitalni sat

Minuta

minuta

Ura

sat

Teden
tjedan

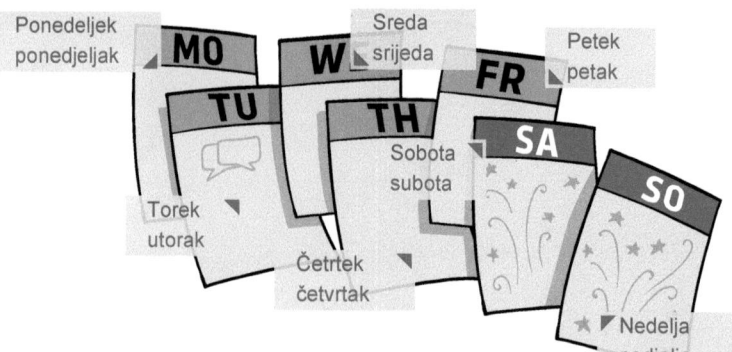

Ponedeljek
ponedjeljak

Sreda
srijeda

Petek
petak

Torek
utorak

Sobota
subota

Četrtek
četvrtak

Nedelja
nedjelja

Včeraj

jučer

Danes

danas

Jutri

sutra

Jutro

jutro

Poldne

podne

Večer

večer

MO	TU	WE	TH	FR	SA	SU
1	2	3	4	5	6	7
8	9	10	11	12	13	14
15	16	17	18	19	20	21
22	23	24	25	26	27	28
29	30	31	1	2	3	4

Delovni dnevi

radni dani

MO	TU	WE	TH	FR	SA	SU
1	2	3	4	5	6	7
8	9	10	11	12	13	14
15	16	17	18	19	20	21
22	23	24	25	26	27	28
29	30	31	1	2	3	4

Konec tedna

vikend

Leto
godina

Dež
kiša
Mavrica
duga
Veter
vjetar
Sneg
snijeg
Pomlad
proljeće
Jesen
jesen
Poletje
ljeto
Zima
zima

4.APRIL 11°
5.APRIL 4°
6.APRIL 13°
7.APRIL 8°
8.APRIL 10°

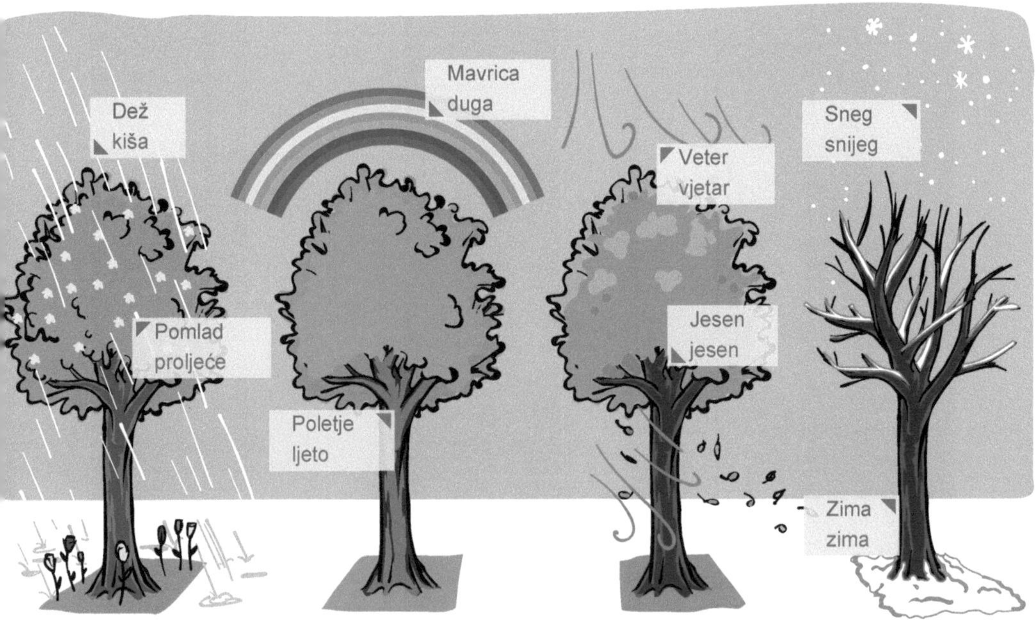

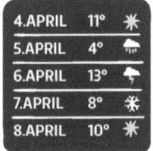

Vremenska napoved
....
meteorološka prognoza

F C
120 90 60 30 0 -30
40 30 20 10 0 -10 -20

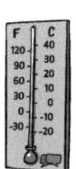

Termometer
....
termometar

Sončna svetloba
....
sunčana svjetlost

Oblak
....
oblak

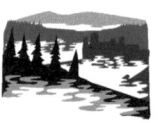

Megla
....
magla

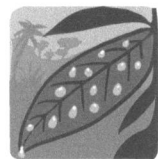

Vlažnost
....
vlažnost zraka

Strela

munja

Grom

grmljavina

Nevihta

oluja

Toča

tuča

Monsun

monsun

Poplava

poplava

Led

led

Januar

siječanj

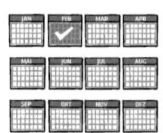

Februar

veljača

Marec

ožujak

April

travanj

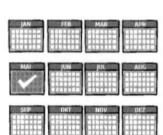

Maj

svibanj

Junij

lipanj

Julij

srpanj

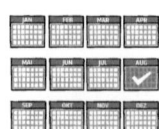

Avgust

kolovoz

September
....
rujan

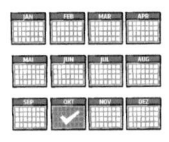

Oktober
....
listopad

November
....
studeni

December
....
prosinac

Oblike
oblici

Krogla
....
krug

Kvadrat
....
kvadrat

Pravokotnik
....
pravokutnik

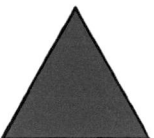

Trikotnik
....
trokut

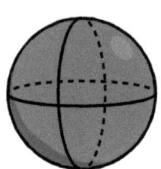

Krogla
....
kugla

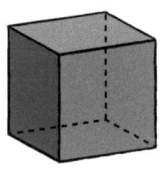

Kocka
....
kocka

Bela

bijela

Rumena

žuta

Oranžna

narančasta

Rožnata

ružičasta

Rdeča

crvena

Vijolična

ljubičasta

Modra

plava

Zelena

zelena

Rjava

smeđa

Siva

siva

Črna

crna

veliko / malo

mnogo / malo

jezno / umirjeno

ljutito / mirno

lepo / grdo

lijepo / ružno

začetek / konec

početak / kraj

veliko / majhno

veliko / maleno

svetlo / temno

svijetlo / tamno

brat / sestra

brat / sestra

čisto / umazano

čisto / prljavo

popolno / nepopolno

potpuno / nepotpuno

dan / noč

dan / noć

mrtvo / živo

mrtvo / živo

široko / ozko

široko / usko

užitno / neužitno

jestivo / nejestivo

zlobno / prijazno

zlo / dobro

vznemirjeno / zdolgočaseno

uzbuđeno / dosadno

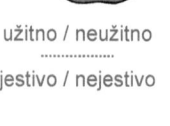

debelo / vitko

debelo / mršavo

prvo / zadnje

na početku / na kraju

prijatelj / sovražnik

prijatelj / neprijatelj

polno / prazno

puno / prazno

trdo / mehko

tvrdo / mekano

težko / lahko

teško / lagano

lakota / žeja

glad / žeđ

bolano / zdravo

bolesno / zdravo

nezakonito / zakonito

ilegalno / legalno

pametno / neumno

pametno / glupo

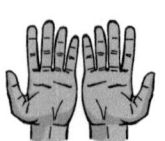

levo / desno

lijevo / desno

blizu / daleč

blizu / daleko

Nasprotja - suprotnosti

novo / rabljeno

novo / rabljeno

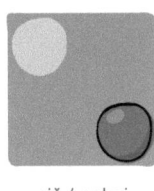

nič / nekaj

ništa / nešto

staro / mlado

staro / mlado

vklopljeno / izklopljeno

uključeno / isključeno

odprto / zaprto

otvoreno / zatvoreno

tiho / glasno

tiho / glasno

bogato / revno

bogato / siromašno

prav / narobe

točno / pogrešno

grobo / gladko

hrapavo / glatko

žalostno / veselo

tužno / sretno

kratko / dolgo

kratko / dugo

počasi / hitro

polako / brzo

mokro / suho

mokro / suho

toplo / hladno

toplo / hladno

vojna / mir

rat / mir

Števila

brojevi

0

Ničla

nula

1

Ena

jedan

2

Dva

dva

3

Tri

tri

4

Štiri

četiri

5

Pet

pet

6

Šest

šest

7

Sedem

sedam

8

Osem

osam

9

Devet

devet

10

Deset

deset

11

Enajst

jedanaest

12

Dvanajst

dvanaest

13

Trinajst

trinaest

14

Štirinajst

četrnaest

15

Petnajst

petnaest

16

Šestnajst

šestnaest

17

Sedemnajst

sedamnaest

18

Osemnajst

osamnaest

19

Devetnajst

devetnaest

20

Dvajset

dvadeset

100

Sto

stotinu

1.000

Tisoč

tisuću

1.000.000

Milijon

milijun

Angleščina

engleski

Ameriška angleščina

američko engleski

Mandarinščina

kinesko mandarinski

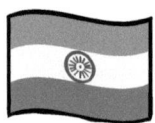

Hindujščina

hindi

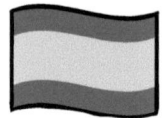

Španščina

španjolski

Francoščina

francuski

Arabščina

arapski

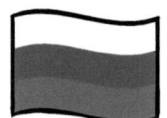

Ruščina

ruski

Portugalščina

portugalski

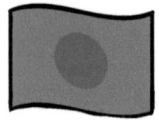

Bengalščina

bengalski

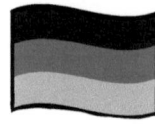

Nemščina

njemački

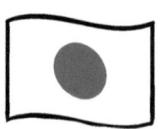

Japonščina

japanski

Jaz

ja

Ti

ti

On / ona / tisto

on / ona / ono

Mi

mi

Vi

vi

Oni

oni

Kdo?

tko?

Kaj?

što?

Kako?

kako?

Kje?

gdje?

Kdaj?

kada?

Ime

ime

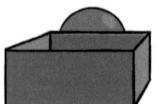

Zadaj

iza

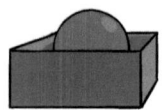

V

u

Pred

ispred

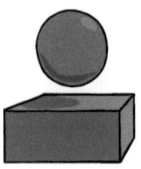

Nad

preko

Na

na

Pod

ispod

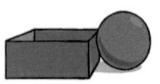

Poleg

pored

Med

između

Kraj

mjesto